数学教学设计与实施

张晓贵

中国科学技术大学出版社

内容简介

本书融理论与实践于一体,围绕如何开展数学教学设计和教学,分为三个部分,分别介绍了中学数学教学设计的概念和理论基础、各种课型的数学教学设计原理与方法和数学教学实施的相关内容。其中,第二部分为本书主体,介绍了概念课、命题课、习题课、复习课等的数学教学设计。此外,本书每个章节均为读者提供了丰富的学习资源。本书适合师范类院校数学与应用数学专业的本科生、新入职的中学数学教师以及相关专业的研究生阅读与参考。

图书在版编目(CIP)数据

数学教学设计与实施/张晓贵著.—合肥:中国科学技术大学出版社,2022.12
ISBN 978-7-312-04831-9

Ⅰ.数… Ⅱ.张… Ⅲ.中学数学课—教学设计 Ⅳ.G633.602

中国版本图书馆CIP数据核字(2022)第238573号

数学教学设计与实施
SHUXUE JIAOXUE SHEJI YU SHISHI

出版	中国科学技术大学出版社
	安徽省合肥市金寨路96号,230026
	http://press.ustc.edu.cn
	https://zgkxjsdxcbs.tmall.com
印刷	安徽省瑞隆印务有限公司
发行	中国科学技术大学出版社
开本	787 mm×1092 mm 1/16
印张	10.75
字数	282千
版次	2022年12月第1版
印次	2022年12月第1次印刷
定价	36.00元

前　言

"数学教学设计与实施"是高等师范院校师范生(本科生和研究生)的重要专业课,学好该课程对于他们今后进行数学教学设计以及课堂教学有着重要的影响。因此,对于本课程的教学与学习,无论是教师还是学生都应该给予充分的重视。

2017年我曾在中国科学技术大学出版社出版了一本《中学数学教学设计案例与分析》,那本书是根据我讲授"中学数学教学设计"课程的讲稿修改而成的。在过去5年中,我一直在给合肥师范学院的本科生和研究生讲"中学数学教学设计"这门课。其间,每次上课时我都会对上一年的讲稿进行一些修改。从2019年起,合肥师范学院本科生和研究生的"中学数学教学设计"课程改成了"数学教学设计与实施",因此,原来一直使用的《中学数学教学设计案例与分析》从内容上看已经不能满足现在的课程要求了。

本书的内容与《中学数学教学设计案例与分析》相比有较大的改变:第一,和原书的主要内容相比,本书增加了数学教学实施的相关内容。第二,原书中案例占了很大一部分,在教学设计部分,每种课型的设计案例都有两个或两个以上。但是在本书中,案例大为减少,每种课型的案例只有一个。这样做的原因是,数学教学设计案例对于学生来说可以从很多渠道获得,如专门的数学教学设计网站,同时,他们也可以购买有关数学教学设计的书籍,这样的书籍有很多。当然,无论是网上还是书籍中的数学教学设计案例实际上都存在着良莠不齐的情况。第三,在具体内容上,本书与原书相比也有很大差别。这种差别主要是我在这几年的教学过程中,通过与学生的互动以及自己的思考而产生的一些新的和更深刻的想法。因此,本书在对问题理解的深度上远超原书。

本书为安徽省一流教材项目(2021yljc106)建设成果,共12章,涉及数学教学设计的相关概念、理论基础、各种课型设计及数学课堂实施等,内容比较简练,在论述问题时均单刀直入,避免旁征博引。这样做也将使本书比较适合该课程在合肥师范学院的教学课时数。"数学教学设计与实施"在合肥师范学院的教学课时数是48,在其他高校该课程基本上也不会超出这个课时数。建议本书的教学课时数分配如下:第1章4课时(理论课时),第2章4课时(理论课时),第3章4课时(其中理论课时2、实践课时2),第4章6课时(其中理论课时4、实践课时2),第5章6课时(其中理论课时4、实践课时2),第6章4课时(其中理论课时2、实践课时2),第7章6课时(其中理论课时4、实践课时2),第8章6课时(其中理论课时4、实践课时2),第9~12

章各2课时的理论课时。如果将本书作为研究生教材,则可适当增加理论课时而减少实践课时,因为具体的中学教学设计,研究生们在本科时已经做过训练。当然,不同学校的授课教师可以根据其培养计划对以上建议课时进行酌情修改。

本书不但可以作为高等师范院校数学系本科生和研究生"数学教学设计与实施"课程或类似课程的教材与参考书,也可作为广大在职数学教师继续教育的参考资料。

虽然本书每一章所配的习题数量很少,但都是学生必做的习题,教师在教学中可以根据需要增加一些习题。另外,在每一章的最后均附有课外阅读材料,其目的是让学生可以通过阅读这些材料进一步深化或扩展相关知识,强烈建议学生阅读这些材料。

本书在写作及出版过程中得到了来自多方的支持,在此一并表示感谢!

张晓贵

2022年7月

目 录

前言 ·· (i)

第1章　中学数学教学设计概要 ··(001)
  1.1　中学数学教学设计的概念 ··(001)
  1.2　中学数学教学设计的价值 ··(003)
  1.3　中学数学教学设计的结构 ··(005)

第2章　中学数学教学设计的理论基础 ···(015)
  2.1　皮亚杰的认知发展理论与中学数学教学设计 ···(015)
  2.2　维果茨基的社会文化理论与中学数学教学设计 ··(018)
  2.3　弗赖登塔尔的数学教育思想与中学数学教学设计 ·····································(020)
  2.4　奥苏贝尔有意义学习理论与中学数学教学设计 ··(023)
  2.5　数学课程的理念与中学数学教学设计 ··(025)

第3章　中学数学教材分析方法 ··(030)
  3.1　中学数学教材分析及意义 ··(030)
  3.2　中学数学教材分析的方法 ··(032)
  3.3　中学数学教材分析的案例 ··(038)

第4章　数学概念的教学设计 ···(045)
  4.1　数学概念及其设计的基本思想 ··(045)
  4.2　概念形成的教学设计 ···(046)
  4.3　概念形成教学设计的案例 ··(051)
  4.4　概念同化的教学设计 ···(057)
  4.5　概念同化教学设计的案例 ··(058)
  4.6　对概念教学设计的再探讨 ··(062)

第5章　数学命题的教学设计 ···(064)
  5.1　数学命题的相关介绍 ···(064)
  5.2　数学命题与证明 ··(066)
  5.3　数学命题教学 ··(067)
  5.4　数学命题教学设计案例及分析（从例子到命题） ····································(071)
  5.5　数学命题教学设计案例及分析（从命题到例子） ····································(075)
  5.6　新授课的教学设计分析 ···(080)

第6章 数学习题课的教学设计 (082)
6.1 传统的数学习题 (082)
6.2 对数学习题概念的扩展 (083)
6.3 数学习题的解决 (084)
6.4 数学习题课的教学设计 (092)
6.5 数学习题课教学设计的案例与分析 (094)

第7章 数学复习课的教学设计 (099)
7.1 数学复习课及其教学设计方法 (099)
7.2 数学复习课教学设计案例与分析 (102)

第8章 数学建模课和综合实践课的教学设计 (108)
8.1 理解数学建模课 (108)
8.2 数学建模的教学设计 (111)
8.3 数学建模教学设计案例与分析 (113)
8.4 理解综合实践课 (115)
8.5 综合实践课的教学设计 (117)
8.6 综合实践课教学设计案例与分析 (118)

第9章 现代信息技术与数学教学设计 (127)
9.1 理解数学教学技术 (127)
9.2 现代信息技术与数学教学设计 (130)
9.3 现代信息技术条件下数学教学设计的案例及分析 (131)

第10章 社会视角下的数学教学设计 (136)
10.1 理解数学教学过程中的几种社会互动 (136)
10.2 从社会互动的角度对数学课堂教学进行设计 (138)
10.3 基于社会互动的数学教学设计案例及分析 (140)

第11章 有效数学教学实施的条件 (147)
11.1 数学教师的素养与有效的数学教学实施 (147)
11.2 数学课堂文化与有效的数学教学实施 (150)

第12章 数学教学实施的原则和关系 (156)
12.1 数学教学实施的原则 (156)
12.2 处理好数学教学中的几种关系 (161)

参考文献 (165)

第1章 中学数学教学设计概要

中学数学教师的两项基本工作是数学教学设计与数学课堂教学(对学生的数学学习评价可以看作数学课堂教学的一部分)。数学教学设计会在很大程度上影响数学课堂教学,而数学课堂教学对于数学教学设计的作用也是存在的,因为教师对于数学课堂教学的反思有助于以后更好地开展教学设计。因此,教学设计对于数学教师来说其重要性是显而易见的。

本章首先介绍了中学数学教学设计的概念,然后介绍了中学数学教学设计的结构。通过本章的学习,读者应该对中学数学教学设计有比较深入的理解,并且能够知道一个完整的中学数学教学设计应该包含哪些部分以及这些部分的含义。

1.1 中学数学教学设计的概念

数学教学设计一词的历史并不太长,对于年长一些的中学数学教师来说,他们更加熟悉备课一词。备课从字面意思上看是为上课所做的准备,这实际上与数学教学设计的意思并没有什么根本差别。还有一个与备课相近的常用词是写教案,这个词从字面上看就是撰写文本形式的上课方案,其含义与备课以及教学设计也是类似的。至于为什么不用备课和写教案而用教学设计,这是因为从字面上看,教学设计更能反映出教师的创造性。其实,名称并不重要,本质才是最重要的。

和备课及写教案一样,中学数学教学设计就是中学数学教师在上课前为上好一节课而做的准备工作。由于上课主要涉及教学内容和教学对象,因此,更准确地说,中学数学教学设计就是中学数学教师根据数学教材和学生的情况而为一节课的教学所进行的规划。

数学教学设计这个概念看起来很简单,但仔细分析就会发现,它的内涵是比较丰富的。首先,数学教学设计的主体是教师,也就是说,是教师而不是其他人来进行教学设计。如果有的教师抄袭了其他人,如专家教师的教学设计,那么他就不是教学设计的主体。因此,教师在教学设计中可以借鉴其他教师,如专家教师的教学设计,但绝不能照抄照搬。其次,教师进行教学设计的依据包括两个方面:教材和学生。在传统的备课中,有备教师和备学生之说,实际上与这里所说的教学设计的两个依据是一样的。这两个依据对于教学设计来说缺一不可,也就是说,教师在进行教学设计时,既要研究教材也要研究学生。至于如何研究教材和研究学生,在后面的章节中有详细的介绍。如果教师在教学设计中照抄照搬了其他教师的教学设计,那么就没有考虑到自己学生的情况,因为其他教师的教学设计所考虑的学生与自己的学生是不同的。从这一点上说,教师不应该盲目地抄袭其他教师的教学设计。再次,教学设计是针对一节课而进行的。这与现行中学的数学课一般一次只上一节课有关。实际上,我们可以将数学教学设计分成宏观的教学设计与微观的教学设计。宏观的教学设计是指对一章的教学内容,甚至更大范围如一学期的教学内容进行大致的设计,而微观的教学设计则是指对一节课的教学设计。显然,在本章中我们关注的并非宏观的教学设计而是微观的教学设计。实际上,宏观的教学设计也是有必要的,而且教师也确实会进行宏观的教学设计。例如,在我国有这样的传统,即每个学校的教师会在开学之前以教研组为单位进行集体备课,这主要就是指宏观的教学设计。当然,宏观的教学设计与微观的教学设计之间也是有关系的。最后,数学教学设计是数学课堂教学的规划。尽管数学教学设计与数学课堂教学有很密切的联系,但两者毕竟不是一回事。在实际的数学课堂教学中,教师并不是把课前所进行的教学设计照搬到数学课堂中。课堂教学与教学设计之间是有差异的,并且这个差异会很大,而造成这种差异的原因是课堂教学中出现了所谓的生成性资源。在后面的章节中,我们会对课堂教学中的生成性资源进行更为详细的介绍。

  为了使读者能够对中学数学教学设计这个概念有更好的理解,下面将讨论与中学数学教学设计相关的几个概念之间的关系。

  一是中学数学教学设计与一般的中学教学设计之间的关系。高等师范院校教育系的教师会给各个学科的师范生讲中学教学设计,不过所讲的中学教学设计是一般的教学设计,即不针对任何中学学科的教学设计。一般的中学教学设计研究的是中学各个学科教学设计的共性,而中学数学教学设计是针对中学数学教学的。因此,一般的中学教学设计与中学数学教学设计之间是共性和个性的关系,或者说是一般和特殊的关系。根据哲学上的说法,一般不能代替特殊,特殊也不能代替一般。因此,作为数学师范生来说,既要学习一般的中学教学设计也要学习中学数学教学设计,两者不存在谁更重要的问题。

  二是中学数学教学设计与小学数学教学设计之间的关系。我们可以将中学数学教学设计和小学数学教学设计合并成数学教学设计,那么数学教学设计与一般的教学设计之间的关系显然也是特殊和一般的关系。中学数学教学设计和小学数学教学设计都是数学教学设计下的特殊的子类,它们之间显然有共同点,但它们之间的区别也是很明显的。它们的共同点是都是数学的教学设计,虽然中学数学与小学数学有很大的不同,但它们之间也有一些共同点,如都是研究数和形,以及研究的对象都具有抽象性的特点等。它们之间的不同点表现在前者是关于中学生的数学学习,而后者是关于小学生的数学学习。中学生和小学生在思维的发展和认知能力等方面是有很大不同的。就思维水平来说,中学生以逻辑思维为主,而小学生则以直观形象思维为主。思维水平的不同会直接影响数学教学的许多方面。因此,小学教育专业的学生学习数学教学设计要学习小学数学教学设计而不是只学习一般的小学教学设计,因为小学数学教学设计与小学教学设计之间是特殊和一般的关系,而数学与应用数学(师范专业)的学生所学习的数学教学设计则是中学数学教学设计。当然,严格地说,中学数学教学设计也可以分成初中数学教学设计和高中数学教学设计,这是因为初中生和高中生的认知水平也是有差别的,且初中数学和高中数学也有很大的不同。不过,我们不这样过细地划分。

三是数学教学设计与单元数学教学设计的关系。单元数学教学设计是当前不少一线数学教师和一些数学教学研究者感兴趣的话题,显然它属于前文所说的客观的教学设计。它们之间的区别在于,数学教学设计是针对一节课的教学内容所进行的设计,而单元数学教学设计是针对一个单元的教学内容所进行的整体设计。它们之间的联系是,即使进行了单元数学教学设计也需要进行一节课的数学教学设计,因为数学课是一次上一节的。

四是数学教学设计与一般的设计(如建筑设计)之间的区别。数学教学设计这个词是从工业设计,如建筑设计这些词借用来的,那么数学教学设计与建筑设计之间有什么相同点和不同点呢?其相同点如下:第一,无论是数学教学设计还是建筑设计,设计者都面临着复杂的情况。就建筑设计来说,设计师可能要考虑建筑用途、所用的建筑材料、各种水电设施等等。就数学教学设计来说,设计者需要考虑不同学生的情况、数学内容、现代信息技术等等,特别是学生的情况往往是非常复杂的,他们有着不同的知识、能力和性格等等。第二,无论是数学教学设计还是建筑设计,都是在正式实施之前所做的准备工作,而绝不能边实施边设计。第三,无论是数学教学设计还是建筑设计,都需要设计者具有很专业的知识。建筑设计者是专业的设计师,而数学教学设计者是专业的数学教师。人们往往将建筑设计师看成专业人员,但并不将数学教师特别是低年级的数学教师看成专业人员,这是不正确的。其不同点如下:第一,数学教学设计者和实施者具有同一性,即教师既是数学教学的设计者也是实施者,而建筑设计的设计者和实施者是不同的,设计者是建筑设计师,而实施者则是一些施工人员。第二,建筑设计与施工具有同一性,即建筑工人在施工中必须严格地按照设计来进行,两者之间的任何不一致都有可能造成严重的后果。而正如前面所提到的,由于生成性资源的存在,使得今天的数学课堂教学与数学教学设计之间具有不一致性。

1.2 中学数学教学设计的价值

实际上,有一些数学教师确实有这样的观点,即上课未必需要事先进行教学设计,特别是具有相当丰富经验的教师更是如此。还有教师认为,不进行教学设计也可以上好课,当然,如果进行教学设计的话效果可能会更好。也就是说,教学设计对于数学教学来说,没有它也可以,有它可能会更好。那么,究竟怎样看待中学数学教学设计的价值呢?或者说,中学数学教学设计究竟有什么价值才能使数学教师必须进行教学设计?以下将从三个方面来进行说明。

首先,从常识上看。古人说:"凡事预则立,不预则废。"意思是做任何事情如果有计划的话就能够做好,反之,如果没有计划的话就做不好,这句话是非常有道理的。我们大多都有这样的经验,在日常生活中,如果要做一件事情,事先做一些准备的话,那么做成功的可能性会更大一些。如果一件事情做起来比较困难或者比较复杂,那么事先的准备就会更加必要。数学课堂教学正是一件极其复杂的事情,而这种复杂性在很大程度上是由学生造成的。不同的学生有着不同的数学基础、学习数学的能力、数学思维方式甚至不同的性格,正如有人形容的那样:"每个学生都是一个宇宙。"在这种情况下,要使每个学生通过数学课堂学习获得包括数学在内的发展,其复杂性可想而知。因此,如果没有事先的规划,要想使教学取得很好的效果是不大可能的,那么是不是进行了很好的数学教学设计,数学课堂教学就一定会取得很好的效果呢? 答案是不一定的,因为数学课堂教学的效果还与其他很多因素有关。因此,就数学教学设计与数学课堂教学的关系来说,即使有了很好的数学教学设计,也未必能进行高质量的课堂教学,但是,如果不进行数学教学设计,那么一定不会有高质量的数学课堂教学。

其次,从数学设计的创造性上看。数学教师的教学设计并不是照抄照搬教材中的内容,而是在理解教材的基础上同时考虑学生的具体情况所进行的创造。我们以数学教学中经常进行的例题教学环节为例。在新知识的教学后,通常会进行例题教学,其目的是使学生对于新知识有更好的理解。在进行例题教学环节的设计时,教师并不能简单地从教材或其他材料上抄来一个与新知识相关的题目,而是要进行创造性的设计。教师要考虑学生的实际情况(如数学能力),选择一个在学生最近发展区内的题目。接着,他要考虑这个题目的教学方式,是让学生先理解题意还是教师先对题目进行分析? 是让学生单独做题还是采用小组做题的形式? 如果学生不能解决问题的话,那么教师应如何进行启发? 教师创造性的教学设计,使教师对于一节课的每个环节以及每个数学题都有深刻的理解。正是有了这种深刻的理解,才能使教师很好地进行实际的课堂教学。试想,如果教师在课前不进行认真的教学设计,那么数学课堂教学怎么可能取得好的效果呢?

数学教学设计的过程就是教师进行创造的过程。教师运用教材或教辅中的材料,根据学生的实际情况,创造出一节课的各个环节。从课题的引入到作业的布置,无一不是教师创造的结果。如果教师的教学设计不是创造,那么就只能照本宣科,而后者显然是不可能进行高质量的课堂教学的。照本宣科的数学教学难以促进学生在数学上的发展,同时这种教学对于教师自身的专业发展也起不到促进作用,通常所说的教学相长只有在创造性的教学设计的前提下才可能实现。这种本质上具有创造性的数学教学设计,也必然导致数学教师成为一种专业性极强的职业。

最后,从数学教师的实践上看。从一些调查中可以看到,专家型数学教师有一个共同点,那就是他们对于教学设计极其重视。正是由于教学设计中的创造性在很大程度上造就了教师自身的创新意识和能力,这种创新意识和能力又进一步成为专家型教师的基本特质。可以说,正是对教学设计的重视以及认真的、创造性的教学设计使一名教师成为专家型教师。专家型教师实际上就是能进行高质量课堂教学的教师,而高质量的数学教学设计在很大程度上导致了高质量的数学教学。从这一点来看,不难理解教学设计对于数学教师专业发展的作用。因此,也不难理解有人提出了教师专业发展可以从他们的教学设计入手的说法。可见,高质量的教学设计、高质量的课堂教学以及高水平的数学教师这几个概念之间是具有密切关系的。

从以上分析可以得出这样的结论:中学数学教学设计对于高质量的数学课堂教学来说是必不可少的。

1.3 中学数学教学设计的结构

在回答了为什么要进行中学数学教学设计这个问题后，我们接着就可以考虑如何进行中学数学教学设计了。

如何进行中学数学教学设计是一个比较复杂的问题，不过我们首先可以考虑一个比较简单的问题，即中学数学教学设计的结构是什么。

一般来说，中学数学教学设计的结构包括如下几个部分，即教学目标、教学重难点、教学方法、教学准备、教学过程和板书设计。虽然不同的教师所进行的教学设计环节不完全一致，如有的教师会首先给出一节教材的分析以及对学生的学情进行分析，但上面的这些环节一般来说都是有的，因为这些环节对于数学教学来说是必要的，例如，如果没有考虑教学方法，那么在教学中就会不清楚如何处理教学内容。另外，这些环节对于各种课型都是适用的，而不只是针对新授课。本节中我们将对教学目标、教学重难点、教学方法、教学准备、教学过程和板书设计进行详细的介绍。

1.3.1 教学目标

教学目标的设计是教学设计的第一步，在整个教学设计中处于一个非常重要的地位，是教学设计的灵魂。教学目标不但是教学设计的起点，也是课堂教学的终点。说它是教学设计的起点，是因为，一旦教学目标确定后，很多其他的设计环节也会随之确定。例如，教学方法在很大程度上与教学目标有关，甚至可以说，教学方法是为了实现教学目标而采用的教学方式。另外，教学过程也与教学目标有很大的关系，整个教学过程就是为了实现教学目标而进行的课堂活动的组织。说教学目标是课堂教学的终点，那是因为，判定一节课的教学效果好与不好，主要的标准就是是否实现了教学目标。实现了教学目标的课堂教学就是好的课堂教学，而没有实现教学目标的课堂教学显然就是不合格的课堂教学。举个例子来说，如果教师同时承担两个同年级不同班级的教学任务，而这两个班的学生在数学能力上有较大的差距，其中一个班的数学能力较强，另一个班较弱。教师在对这两个班进行同一节教学内容的教学设计时，教学目标显然是不同的。能力较强的班级教学目标会较高，而能力较弱的班级其教学目标就会相对低一些。由于教学目标不同，从而导致了教学设计中的很多方面是有差别的，整个教学活动的安排也会不同，造成这种不同的原因是它们分别要实现相应的教学目标。

说教学目标是起点，并不是说教学目标的设计是没有依据的。教学目标设计的主要依据是教材内容和学生，因此，有的教师在设计教学目标之前增加了教材分析和学情分析两个环节。教学内容不同，那么通过教学可以实现的目标一定是不完全相同的，而相同的教学内容，由于学生不同，所实现的教学目标也会有所区别。因此，一个教师如果要设计两个平行班级的教学目标,因为学生不同,所以教学目标就可能不完全一致。教学目标的确定不仅与教材内容和学生有密切的关系,还与数学课程目标密切相关。在课程改革(即《义务教育数学课程标准》颁布)之前,同样的教学内容(可以认为学生也是一致的),其教学目标会与课程改革之后有很大不同,而造成这种不同的主要原因是数学课程目标不同,即课程改革前的课程目标与改革后的课程目标是不同的。下面我们将谈一谈数学课程目标。

数学课程目标是在数学课程标准中给出的,它是指国家在中小学校设置数学课程希望达到的目的。《义务教育数学课程标准(2011年)》给出的数学课程目标可以从四个方面进行阐述,即知识技能、数学思考、问题解决和情感态度。例如,在知识技能部分就涉及以下内容:(1) 经历数与代数的抽象、运算与建模等过程,掌握数与代数的基础知识和基本技能。(2) 经历图形的抽象、分类、性质探讨、运动、位置确定等过程,掌握图形与几何的基础知识和基本技能。(3) 经历在实际问题中搜集和处理数据、利用数据分析问题、获取信息的过程,掌握统计与概率的基础知识和基本技能。(4) 参与综合实践活动,积累综合运用数学知识、技能和方法等解决简单问题的数学活动经验。《普通高中数学课程标准(2017年)》提出了高中数学课程的目标:(1) 四基四能,即通过高中数学课程的学习,学生能进一步学习并获得未来发展所需要的数学基础知识、基本技能、基本思想和基本活动经验,提高从数学的角度发现和提出问题的能力,以及分析和解决问题的能力。(2) 核心素养,即在学习数学和应用数学的过程中,学生能发展数学抽象、逻辑推理、数学建模、直观想象、数学运算和数据分析等数学学科核心素养。(3) 情感态度,即通过数学课程的学习,学生能提高学习数学的兴趣,增强学好数学的自信心,养成良好的数学学习习惯,发展自主学习的能力,树立敢于质疑、善于思考、严谨求实的科学精神,不断提高实践能力,提升创新意识,认识数学的科学价值、应用价值、文化价值和审美价值。比较初中和高中的数学课程目标,可以发现它们在提法上是有不少差别的,不过它们实际上都可大致归结为知识与技能、过程与方法以及情感态度与价值观三个维度,在中小学数学教学设计中教师往往从这三个维度进行教学。需要说明的是,《义务教育数学课程标准(2022年)》并没有从四个方面对数学课程目标进行阐述,而是给出了三个方面的总体目标,其中第一个方面是四基,第二个方面是体会数学内外的联系以及发现问题、提出问题、分析问题和解决问题,第三个方面是情感态度,由分析可知,这些目标仍然可以归结为知识与技能、过程与方法以及情感态度与价值观三个方面。

数学课程目标与数学教学目标之间有什么关系?数学课程目标是概括性的,因为它是对整个数学课程应当达到的目标的总括,而数学教学目标应该是具体的,因为它是每一节课的教学所应当实现的。不过,它们之间也有很密切的关系。数学课程目标正是通过每一节课的数学教学目标的实现而得以实现,每一节课的数学教学目标的实现都是为了数学课程目标的实现,每一节课的数学教学目标都在一定程度上实现着整体的数学课程目标。正因如此,设计数学教学目标也必然可以从知识与技能、过程与方法以及情感态度与价值观三个维度来着手。有人持这样的观点:知识与技能、过程与方法以及情感态度与价值观是数学课程目标,因此教学设计中教学目标的设计不应该从这三个维度来进行。由以上分析可知,这种观点是不正确的,教学目标的设计完全可以从这三个维度进行。当然,高中的教学目标设计也可以从四基四能、核心素养和情感态度这三个方面来进行,而初中的教学目标设计可以从知识技能、数学思考、问题解决和情感态度这四个方面来进行。在当前特别强调核心素养的情况下，有学者提出，在教学设计中教学目标从知识与技能、过程与方法以及情感态度与价值观这三个维度来设计是过时的，因为所有的要求都已经体现在核心素养中，也就是说，只要写出一节课在核心素养上达到什么目标就可以了，这种观点也是不准确的。从高中数学课程目标上可以明显地看出，核心素养并不能囊括所有的目标，知识技能和情感态度就不包含其中。简单地说，在当前的数学教学设计中，教学目标仍然可以从知识与技能、过程与方法以及情感态度与价值观三个维度去设计。因此，在本书中，教学目标设计是从知识与技能、过程与方法以及情感态度与价值观三个维度进行的。需要注意的是，课程目标中的知识与技能、过程与方法以及情感态度与价值观是笼统的，而教学目标中的知识与技能、过程与方法以及情感态度与价值观则是具体的。这样强调是因为一些教师在写教学目标时不能说明本节课的教学要实现的具体目标而显得空泛。

　　三个维度的数学教学目标其内涵分别是什么呢？首先是知识与技能。它所要求的是通过本节课的教学，学生应该掌握哪些数学知识及数学技能。在中学数学中，数学知识主要是指数学概念和数学命题（如定理、法则和公式等），技能是指动手技能（如作图等）。当然知识与技能之间也有着内在的关系。其次是过程与方法。过程与方法这个维度的目标应该可以包含除知识与技能及情感态度与价值观之外的所有东西。这个维度的目标最基本的应该包括让学生体验数学知识形成和应用的过程，让学生掌握数学思想和方法，让学生具有提出问题、分析问题和解决问题的能力，让学生形成一些基本的数学能力，如推理能力、运算能力、空间想象能力及创新能力等。最后是情感态度与价值观。如果说前面两个维度是认知维度，那么这个维度就是情感维度。该维度是指通过学生的数学学习和应用所形成的对数学、数学学习的情感态度及相关的科学思想等。如辩证的思想、对数学应用价值的认识、对数学美的欣赏、理性的精神及坚持不懈和实事求是的精神品质等。

　　数学教学目标的三个维度并不是相互独立的，而是相互依存的。知识与技能是基础，没有扎实的知识与技能，其他两个维度的目标都是不可能实现的，从这个角度来说，我国传统的数学教学中重视双基并不是毫无道理的，它的问题在于过分强调知识与技能的目标而忽视了其他的目标维度。过程与方法要在知识与技能掌握的基础上才可能实现。当学生掌握了数学思想方法并形成了数学能力，这对于他们更好地学习数学知识和形成数学技能显然是有帮助的。因此，知识与技能以及过程和方法这两个目标具有相互依存和相互促进的关系。知识与技能和过程与方法这两个目标都属于认知目标，情感态度与价值观则是情感目标，认知目标和情感目标之间也存在着相互依存和相互促进的关系。情感态度与价值观是在认知目标实现的过程中实现的，它不能离开认知目标。如果没有学生的数学认知活动，那么情感目标的实现是不可能的。只有在应用数学的活动中学生才能体会到数学的应用价值；只有在具有美的特征的数学知识的学习中，学生才能形成数学美的情感，等等。当学生具有良好的情感态度与价值观时，就会更好地实现认知目标，如当学生形成了数学美的观念就会在数学学习中从美的角度去认识数学。当然，如果学生具有不好的情感态度与价值观（这是在不良的数学学习环境中形成的），那么就会对认知目标的实现起反面作用。例如，如果一个学生认为数学是无用的，那么他就不会去努力学习数学，学习效果也就可想而知。

对于认知目标的重要性应该是没有异议的，但对于情感目标大家可能会有不同的看法。有一种观点认为，数学认知目标是实目标，而数学情感目标是虚目标，实目标是重要的，而虚目标是不重要的。一些数学教师持有以上观点，很大程度上是因为数学认知目标是可以通过考试来进行评价的，而数学情感目标是不能通过考试来进行判断的。中考、高考中，数学考试考的是数学认知目标，而无法对学生的数学情感目标进行考查。通过前文的分析可知，这种重视认知目标而严重忽视情感目标的观点是错误的。由于情感因素能够影响学生的数学学习，因而重视情感态度与价值观实际上也是对于认知目标的重视。认识到情感因素的重要性是一回事，而将情感态度与价值观作为教学目标可能又是另一回事。将情感态度与价值观作为数学教学目标，不仅是因为它有助于学生的数学学习，更重要的是学生通过良好的数学学习所形成的积极正面的情感态度与价值观对于学生的成长具有重要的作用。例如，通过数学学习所形成的批判性思维和理性精神对于学生来说是非常重要的。因而，情感态度与价值观有资格成为和认知目标并存的数学教学目标。我们既可以说为了学生学习数学知识和技能而进行数学教学，也可以说为了学生发展数学能力而进行数学教学，更可以说为了学生培养情感态度和价值观而进行数学教学。正是因为数学教学中认知目标和情感目标相辅相成，因此，在数学教学中教师一方面要注意学生在数学认知方面的发展，同时也要注意学生在情感方面的进步。另外，当前正在强调课程思政问题，在数学教学中，它和情感态度与价值观的目标是有密切关系的。通过数学学习形成学生辩证的思维方式、批判性的思维、理性精神、对美的欣赏、坚持不懈的精神以及实事求是的态度等，都是情感态度与价值观中所蕴涵的。因此，数学教学中重视情感态度与价值观的目标从某种意义上来说就是注重数学教学中的课程思政。

1.3.2 教学重难点

教学重点、难点通常放在一起讨论，但教学重点和教学难点却是两个不同的概念。教学重点是指在一节课的教学内容中相对来说最为重要的内容，即教学重点是从数学教学内容体系上来说的。一节课的数学教学内容包括知识、技能、方向和知识形成过程等，相对来说，其中一定有最重要的，因此，一节课的教学重点一定是存在的。教学难点是指在一节课的教学内容中学生学习起来感到困难的，即教学难点是从学生理解的角度来说的。需要注意的是，无论是教学重点还是教学难点，都是针对一节课中的某个教学内容，而并不一定是指一节课中的新知识。因此，它们可能是指某个探究过程、某个数学题或对某个数学思想、数学方法的掌握等。在一节课的教学设计中，教学重点和教学难度完全有可能是一样的，但不管怎样，它们是两个概念。

教学重难点是在教学目标设计后进行的又一个重要的设计，可以这样来看教学重难点和教学目标之间的关系，即为了完成教学目标必须要在教学中突破重难点。教学重难点，用哲学来解释，即数学教学中要解决的主要矛盾，如果能解决这个主要矛盾，那么整个教学大体上就没有什么问题了。如果在教学中没有突出重点或没有突破难点，那么这样的课基本上就是不及格的。我们听一位教师上课，基本的着眼点一般来说就是看他是如何处理教学重难点的。

　　虽然说教学重点和难点都应该引起教师的充分重视,不过,教师往往会更加重视教学难点,这实际上也是有原因的。如果教学重点和教学难点正好是一样的内容,那么重视难点也就是重视了重点。如果教学重点和教学难点不一致,那就意味着教学重点不是教学难点,也就是说,这个教学重点学生可以容易地掌握,而容易掌握的内容教师是不需要太关注的。以下将对教学难点进行更进一步的分析。

　　前面说过,在一节课中教学重点一定是存在的,那么教学难点是不是一定存在呢?如果数学教学中没有教学难点,那么学生的学习就应该可以非常愉快地进行,从而实现所谓的快乐学习,但这个观点恐怕是错误的。教学难点是学生学习时感到困难的内容,从数学教学的角度来看,实际上就是学生在学习这些内容时难以很好地利用数学思维解决它们。换句话说,教学难点是学生在其数学思维运用时感到困难的内容,即数学中的难就是不容易想。数学教学的一个基本目标是培养学生的数学思维能力,而要实现这个目标只有让学生进行积极的思考才能实现,而教学难点正是让学生积极思考的极好机会。因此,从这个角度看,教学难点对于学生的数学学习是非常必要的。从而我们也就回答了这样一个常见的问题,即数学教学中是不是一定要有教学难点?有人可能会提出这样的问题,即在一节课中确实没有难点,也就是说,一节课的教学内容对学生来说都是比较容易的。提出这样看法的人实际上是将课堂教学内容完全等同于相应的教材内容,并且课堂教学活动也与教材上给出的活动保持一致。如果这样的话,那么在一节课的教学中确实可能没有教学难点。教师的教学设计和课堂教学虽然是在教材研究的基础上进行的,但并不是照本宣科,而是根据学生的情况进行创造性的设计,这其中就包括设计出教学难点。难点可能是教材上有的,也可能是教材上没有的,如教师可以根据需要设计一个教材上没有的具有更高难度的数学题。简单地说,为了促进学生积极地思考,教材中有难点更好,没有难点时教师也要设计教学难点。

　　我们还可以从最近发展区来理解教学难点。学生现有的水平和潜在水平之间的区域称为最近发展区。所谓现有的水平是指学生在当前就可以解决问题的水平,而潜在水平则是指他们经过学习,经过自身努力,经过同伴的帮助以及教师的启发后能达到的解决问题的水平。因此,从最近发展区的角度看,数学课堂教学的过程其实就是从现有水平向潜在水平发展的过程。当数学教学中的任务如一道数学题,其难度在学生现有水平之内的话,即学生不需要经过努力思考就可以轻易地解决,那么这样的任务对于学生的数学思维实际上并没有挑战,因此可以称为平凡的任务,平凡的任务显然不是教学难点。当数学教学中的任务超出了学生的潜在水平,那就意味着学生无论怎么努力或在其他人的帮助下,他们都不能真正地解决问题,这样的任务可以称为超凡的任务,超凡的任务在数学教学中实际上也是没有意义的。而真正有教学意义的则是教学难点位于最近发展区内。在一节数学课中,会涉及很多数学任务,其中一些是平凡的任务,而只有位于最近发展区内的任务才是教学难点。

　　教师在教学难度的设计时,要选择位于学生的最近发展区内的任务,从而利用最近发展区理论指导数学教学设计或数学教学。从动态的观点来看,数学教学实际上就是学生的最近发展区发展的过程,即由现有水平发展到潜在水平,潜在水平变为现有水平,现有水平再变成潜在水平。我们还可以运用最近发展区来谈一谈前面所说过的情感态度。

最近发展区通常涉及学生的数学认知水平,运用最近发展区理论可以对学生的情感态度水平进行说明。任何学生在情感态度上都会有一个现有水平,如当前学生对于数学应用价值的认识,也有一个潜在的情感态度水平,即通过数学课堂教学,学生能够在数学的情感态度上达到的水平。从情感态度上说,数学课堂教学就是促进学生情感态度价值观发展的活动,将学生从现有的情感态度水平发展到潜在的情感态度水平。这样,运用最近发展区理论,不但可以对学生的数学认知水平的发展状况进行说明,还可以对学生的数学情感水平进行说明。

1.3.3 教学方法

数学课堂教学是一个由各种数学教学任务的活动组成的整体,这有点类似于电影或话剧,后者就是由一幕幕剧情组成的。例如,我们可以将一种新授课的教学看成是由这样一些活动组成的:复习旧知识、探究新知识、理解新知识和总结,并且探究新知识和理解新知识的活动还可以由更小的活动组成。

数学课堂是由教师和学生组成的,在课堂教学的整个过程中,教师和学生积极参与,扮演着作为数学教学的主导和数学学习主体的角色。课堂教学中的每个活动都离不开教师和学生,并且都是由教师和学生协调完成的。绝不会存在这样的活动,即只有教师的活动而学生无所事事,或只有学生的活动而教师无所事事。如果一个活动只有教师在演独角戏而学生完全不参与,那么这样的教学只有教而没有学。而如果一个活动只有学生学习而教师却置身其外,那么这样的教学只有学而没有教。无论以上哪一种情况,都不是正常的教学活动。教师和学生协同完成特定的任务,这就意味着:其一,教师和学生一起完成这项工作,二者缺一不可;其二,教师和学生必须要配合,二者不是各干各的。所谓配合就是在做这项工作中,必须明确分工,哪些是由教师去做哪些是由学生去做,学生在做什么的时候教师要相应地做什么。我们将在一个教学活动中教师和学生为完成教学任务配合工作的方式称为教学方法。

理解了什么是教学方法,那么就可以理解这样一个问题,即一节课中的教学方法通常是由数种方法构成的,通常不会只有单独一种。这是因为,一节数学课是由数个教学活动组成的,每个教学活动完成一个特定的教学任务,因而师生配合完成教学任务的方式即教学方法。不同的教学活动,师生配合完成教学任务的方式一般来说并不一定相同,因而就不难理解一节课会涉及数种不同的教学方法。在这里我们还可以理解一下一般教学方法和数学教学方法的区别。不论何种学科的教学都会涉及教师和学生配合完成特定的教学任务,从这个角度来看,不同学科的教学方法是有共性的。但是,不同学科的教学方法显然也有其自身的特点,如数学教学方法会带有数学学科的特点。在数学教学方法中有一个很重要的方法是探究法,它是指学生在教师指导下发现数学概念和命题的方法,显然在语文教学中就没有这种探究法。也许在其他自然科学如物理和化学教学中也有探究法,但是数学的探究和物理及化学的探究也会有很大差别。

一般的教学方法和我们所说的教学方法名称是相同的,但不要认为它们就是没有差别的,它们同样也有学科上的差别。我们以讲授法为例来说明一下这个问题,一般的讲授法是指教师就某个内容进行解释而学生接受教师的解释。在中学数学教学中,讲授法不仅是一个非常重要的方法,而且它具有鲜明的数学学科特点。在教师的讲解中,要求学生能积极地进行数学思维,从而使他们不但能够很好地理解教学内容,而且在讲解的过程中他们的数学思维也能得到发展。为了达到这样的效果,数学教师在讲解的过程中会提出大量能够启发学生积极思维的问题,即启发性问题,如"你觉得我们可以用什么方法来解决问题呢?""接下来又应该怎么办呢?""你认为这样做是不是可以呢?"等等,在这些问题的刺激下,学生的思维处于积极的活动中,学生绝不是被动地接受,而是积极地思考。简言之,数学教学中的所有教学方法都具有数学学科的特点,即使是一般的教学方法,一旦用到数学教学中,它就会具有一定的数学教学的特点。在一些数学教学论的书籍中,当介绍教学方法时,作者会将数学教学方法分成两类:一类是一般的教学方法;另一类是数学教学特有的方法。根据以上分析,这种做法显然是值得商榷的。

下面我们再对数学教学方法中的一个经常使用的词"启发式教学方法"进行一些分析。启发式教学是相对于传统的灌输式教学而言的现代教学思想,其本质在于教学不是教师将知识灌输给学生,而是启发学生的积极思维从而主动进行学习。因而,启发式教学是一种现代教学思想而不是一种具体的教学方法。这种教学思想具有一般性,即可以用在各门学科的教学中。在数学教学中,教师的启发引导也是非常重要的。在前面的教学重难点部分曾说过数学教学中难点的重要性,有了难点学生才可以真正地进行数学思维,数学思维能力才能真正地得到提高。但问题是,对于有些难点,光靠学生自身的努力和同伴的帮助并不能解决问题,这时教师的启发就显得极为重要了。因为教学难点对于数学教学来说是正常的,因而教师的启发也是正常的。我们还可以就数学教学中的启发再说几句,启发一词来自孔子的《论语》,原话是"不愤不启,不悱不发",启发简单地说就是先让学生积极思考再进行启发。在数学教学中,对于比较困难的问题,要让学生先自己去做,在学生经过努力而又无果的情况下,教师再进行启发引导。需要注意的是,教师的启发引导是给学生思维方向上的提示,而不是告诉学生答案,也就是给学生搭一个"脚手架",让学生在此基础上进一步思考,最终解决问题。由于启发是教学思想,因而在教学设计中不要将其写成教学方法,而这正是许多数学教师在进行教学方法设计时经常出现的问题。此外,不少教师在教学设计时还会写上多媒体或现代信息技术,这也是不妥当的。由于现代数学教学是基于现代信息技术的教学,因而现代信息技术不是教学方法而是一种基本的教学手段。

在如今的数学教学方法中,小组合作是很引人注目的教学方法。该方法在课改以前的数学课堂中是很少使用的。由于数学课程标准的提倡,小组合作学习已经在今天的中小学数学教学中成为一种很常用的教学方法,但不可否认的是,教师对于这个方法的使用是比较随意的,并没有起到该方法应该起到的作用,简单地说,教师在教学中更侧重的是"小组"而比较忽视"合作"。在后面的章节中,我们会对小组合作的数学教学给予更详细的说明。

1.3.4 教学准备

教学准备是指教师要为一节数学课的教学做材料上的准备。这些材料是本节课的教学所必须具备的，所以需要特别准备。这些材料大致可以分成两类：实物材料和电子材料。实物材料包括教具和学具（如几何模型、挂图、直尺和圆规等），电子材料包括教学软件和课件等。因为教材和电脑、投影仪等是教室中固定的教学设备，不需要教师特别准备，所以不属于教学准备。如今的教学设计的教学准备与传统教学设计的教学准备有一个很大的区别，那就是现代信息技术方面的准备，如课件和教学软件等。可以说，今天的数学教学是现代信息技术背景下的数学教学。关于现代信息技术方面的准备，后面的章节中将有更详细的介绍。这里需要强调的是：第一，几何模型之类的传统教具仍然是有价值的。学生在学习时实际地看一看、摸一摸，以及动手对实物进行操作从效果上看应该比看图片、看演示效果更好；第二，电子课件也是需要设计的，当然也可以适当地借鉴其他人制作的课件，但不能照抄照搬，因为课件是与教学内容、特定的学生以及教师的板书相配合的。

1.3.5 教学过程

教学过程是指数学课堂教学的发生发展过程，其具有具体性和可操作性等特点。不同课型的教学过程的安排是有一定的差别的，但从大的结构上看是类似的。教学过程可以从纵向和横向两个维度来安排。

先看横向的安排。一般的数学教学活动都会涉及教师和学生之间的相互作用以及他们相互作用的中介——数学教学内容，即教师和学生的相互作用是基于一定的数学教学内容的，没有数学教学内容，教师和学生的相互作用就不能发生。因此，数学教学设计的横向安排可以包括数学教学内容、教师的行为、学生的行为以及设计的依据。教师的行为和学生的行为是相互配合的，这种相互配合的方式就是上文所说的教学方法。设计依据是指为什么选择这样的教学内容以及教师和学生为什么这样相互作用。需要强调的是，设计依据是非常必要的，因为它会使设计者即教师考虑为什么这么做。如果没有设计依据，那么教学设计可能就是教师盲目地进行教学安排。例如，在例题环节，教师就可能随意地从教材或其他材料上选择一道相关的题目而没有考虑为什么要选择这一题而不是其他的题目。横向的安排对于一般的数学课型来说并没有什么大的差别。教学过程的横向安排体现了数学教学设计的"做什么""怎么做"和"为什么这么做"，其中"做什么"是教学内容，"怎么做"是教师的行为和学生的行为，"为什么这么做"是设计依据。

再看纵向的安排。整个数学课堂教学可以从纵向上进行划分，从教师的引入到课堂小结，一般可以分成若干个环节，每个环节再分成一个或数个不同的活动，这些环节和活动按照逻辑顺序逐个进行。教师比较容易忽视的是小结部分，在教学中对它的处理比较随意，从而使得这部分没有发挥它应有的作用。不同的课型在纵向安排的细节上不完全一致，但区别并不大，我们将在具体的不同课型的教学设计中再进行说明。

1.3.6 板书设计

传统的数学教学设计对板书设计有着非常深入的研究,简单地说,板书设计要从三个方面考虑,即"写什么""怎么写"和"写在哪"。"写什么"是指教师准备把什么写在黑板上,一般来说是比较重要的内容,如概念、命题和例题的解题过程等。"怎么写"是指教师准备以什么样的方式将要写在黑板上的内容表达出来,如以流程图的形式、以表格的形式或以文本的形式等。"写在哪"是指要书写的内容写在黑板的哪个部位。一般来说可以把黑板分成三个部分,从左到右分别是两个主黑板和一个副黑板。主要的内容和特别重要的内容写在主黑板上,可以随时擦去的内容写在副黑板上,主黑板上写的内容一般不擦去。如果能够对板书内容进行很好的设计,再配上教师美观的粉笔字,那么板书就是一种艺术。

课件的出现对数学课堂教学中的板书产生了巨大的冲击。板书的目的其实就是向学生传递数学教学的信息,而课件也同样是向学生传递数学教学信息的。这样,在数学教学中,就出现了板书和课件这两种形式的教学信息传递方式。由于加入了课件这种形式的教学信息传递方式,那么传统的板书就需要加以改变,从而能与课件配合来发展传递教学信息的功能。传统的教学设计中教师要研究的只有板书,而在今天的教学设计中,教师要设计课件也要设计板书,更重要的是,需要将板书和课件这二者协调起来,即什么内容被设计在黑板上,什么内容被设计在课件上。课件由于其自身的特点,它在表现动态的内容如视频等时是黑板无法比拟的,但黑板并不是没有作用。例如,特别重要的内容(如概念和公式等),如果在黑板上板书,由于其不会被擦去,因而可以一直刺激学生的视觉。例题写在黑板上也可以让学生更好地感受解题的过程。因此,即使在今天的数学教学中,板书仍然具有其存在的价值。既然板书仍然存在,那么板书设计就有继续存在的必要,当然,它与传统的板书设计已经有很大的差别了。传统的板书设计方法已经完全不能适应今天的板书设计了,需要教师进行教学信息传递的整体设计,即在设计板书时应该考虑到课件的设计,同样地,在设计课件时应该考虑到板书的设计。只有这样才能使板书和课件合理配合,从而发挥最大的作用。

习题

1. 什么是中学数学教学设计?为什么要进行中学数学教学设计?
2. 请简要地说明中学数学教学设计的各个部分。
3. 为什么说在中学数学教学设计中设计依据扮演着非常重要的角色?

课外阅读材料

[1] 曾文婕. 课堂教学设计[M]. 北京:北京师范大学出版社,2011.

[2] 中华人民共和国教育部. 义务教育数学课程标准(2011年)[M]. 北京:北京师范大学出版社,2012.

[3] 中华人民共和国教育部. 普通高中数学课程标准(2017年版2020年修订)[M]. 北京:北京师范大学出版社,2020.

[4] 普莱斯顿·D.费德恩,罗伯特·M.沃格尔. 教学方法:运用认知科学,促进学生学习[M]. 王锦,曹军,徐彬,译. 上海:华东师范大学出版社,2006.

第2章 中学数学教学设计的理论基础

数学教学设计并非是一种简单的根据教学设计的结构而进行的填空,也不是数学教师根据自己的教学经验而想当然进行的一种活动,其背后有着深厚的理论基础。

中学数学教学设计应该是建立在迄今为止大量的教育教学理论和数学教育教学理论的基础上的,而要列出所有中学数学教学设计的理论基础是非常困难的,因此,在本章中我们只能从中选择一些比较重要的理论,对它们进行简要的解释,并在此基础上将之与中学数学教学设计联系起来。通过本章的学习,读者不但要能够熟悉这些教育教学理论,还要能够运用这些理论来对数学教学中的问题和现象进行分析。

2.1 皮亚杰的认知发展理论与中学数学教学设计

2.1.1 皮亚杰的认知发展理论

皮亚杰(图2.1)是20世纪最著名的心理学家之一,他所提出的认知发展理论被认为是20世纪发展心理学方面最权威的理论。

图2.1 皮亚杰

1. 图式、同化、顺应与平衡

图式是皮亚杰理论中的核心概念，指动作的结构或组织。个体能对刺激作出反应，在于其具有应付这种刺激的思维或行为图式。图式使个体能对客体的信息进行整理、归纳，使信息秩序化和条理化，从而达到对信息的理解。个体的认知水平完全取决于认知图式。图式具有概括性的特点，可应用于不同的刺激情境。初生儿仅具有几个简单的遗传图式，如吮吸，当嘴唇触碰到任何物体时都会产生吮吸。学习能产生迁移，是因为在前一学习阶段中形成了某种图式，然后应用到下一学习情境中去。

皮亚杰认为，人的认知发展，不仅表现在知识的增长上，还表现在认知结构的完善和发展上。图式的发展水平是人的认知发展水平的重要标志，其既是认知发展的产物，也是认知发展的基础和条件。

同化指有机体把环境成分整合到自己原有的机构中去的过程。皮亚杰借用同化来说明个体把新鲜刺激纳入原有图式中的心理过程，就整个有机体来说，有三种水平的同化：生理水平上，是物质的同化；动作水平上，是行为的同化；智慧水平上，是思想的同化。从心理学的角度来看，同化就是把外界元素整合于一个正在形成或已形成的结构中。因此，同化过程受到个人已有图式的限制。个人拥有的图式越多，同化事物的范围也就越广泛；个人拥有的图式越少，同化事物的范围也就相对狭窄。同化的理论对于数学教学和数学学习也有指导意义。

顺应指个体调节自己的内部结构以适应特定刺激的过程。当个体遇到不能用原有图式同化的新刺激时，便要对原有的图式加以修改或重建，以适应环境。这样将迫使个体改变现有的认知图式，形成某些适合新经验的新图式，引起认知结构的不断发展变化。

图式的发展和丰富是通过同化和顺应这两种机制来实现的。同化是量变的过程，而顺应是质变的过程。在认知结构的发展中，同化与顺应既相互对立，又彼此联系、相互依存。就人的认知成长来说，如果只有同化没有顺应，那么认知就谈不上发展；如果不存在同化，那么也就没有顺应可言。认知永远是外物同化于内部图式、内部图式顺应于外物这两个对立统一过程的产物。

平衡是个体通过自我调节机制使认识的发展从一个平衡状态向另一个较高的平衡状态过渡的过程。儿童认知最初处于较低水平的平衡状态中。当面临新异刺激时，就产生了不平衡。通过主体和客体的相互作用，即通过同化或顺应，使认知达到一个新的水平，恢复平衡状态。认识的发展就是平衡—不平衡—平衡的过程。

2. 认知发展阶段

皮亚杰把认知发展视为认知结构的发展过程，以认知结构为依据区分心理发展阶段。他把认知发展分为四个阶段。

（1）感知运动阶段（0～2岁）

这个阶段，儿童的主要认知结构是感知运动图式，儿童借助这种图式可以协调感知输入和动作反应，从而依靠动作去适应环境。通过这一阶段，儿童从一个仅仅具有反射行为的个体逐渐发展成为对其日常生活环境有初步了解的问题解决者。

（2）前运算阶段（2～7岁）

这个阶段,儿童将感知动作内化为表象,建立了符号功能,可凭借心理符号（主要是表象）进行思考,从而使思维有了质的飞跃。其特点包括泛灵论、自我中心主义、不能理顺整体和部分的关系、思维的不可逆性及缺乏守恒等。

（3）具体运算阶段（7～12岁）

在本阶段内,儿童的认知结构由前运算阶段的表象图式演化为运算图式。具体运算思维的特点为守恒性、脱自我中心性和可逆性。皮亚杰认为,该时期的心理操作着眼于抽象概念,属于运算性（逻辑性）的,但思维活动需要具体内容的支持。

（4）形式运算阶段（12～15岁）

这个时期,儿童思维发展到抽象逻辑推理水平。思维特点包括思维形式摆脱思维内容以及进行假设-演绎推理。

2.1.2　皮亚杰的认知发展理论对中学数学教学设计的指导

皮亚杰的认知发展理论对于数学教学设计具有重要的理论指导作用。首先,皮亚杰的图式概念对于教师设计数学知识的教学是有意义的,甚至对于数学习题的设计也是有价值的。数学学习实际上就是在学生的头脑中形成一个个图式,运用这些图式学生就能够对所学的数学知识进行整理,从而实现对新知识的理解,即新数学知识的学习是基于已有的图式,而新知识的学习又进一步丰富了个体的图式。随着对数学知识的不断学习,学生头脑中的数学图式也越来越丰富。而学生做数学题实际上就是对已有的某种图式的运用而已。运用图式的概念,也可以解释中学生特别是高中生要做各种类型的题目,尤其是做各种类型的数学题,这实际上就是在形成各种图式。这样,当学生面对一道题目时,他就会在头脑中找出与该题目相同或相似的图式,并将该图式运用到解题中,从而实现解题的目的。

其次,皮亚杰的同化和顺应概念对于数学概念的教学设计具有指导意义。很多数学概念的学习是在原有的知识框架下进行的,即新的知识是在原有知识的基础上形成的,根据皮亚杰的同化概念,即这些新概念的学习是在原有的图式中纳入了新的知识,使原有的图式更为丰富。例如,学生已经学过了一般代数方程的概念,那么再学习一元一次方程和二元一次方程就是一种同化。再例如,当学生已经学习过圆的概念后,再学习圆心、弦、弧、扇形等这些概念就是一种同化。显然在数学教学中,如果是同化的话,那么学生必须已很好地形成了原有的图式。

再次,顺应对于数学教学来说也是非常有价值的。随着学生的数学学习,会出现许多全新的概念,这些概念与已有的旧概念有本质上的区别,如方程的概念和函数的概念。这些概念学生在首次接触时,他们会感到与以前所学的数学概念有很大的不同,用同化的观点来看,这些新概念不能纳入到已有的图式中,那么学生就应该重建新的图式或对已有的图式进行修改,以面对这些新概念。在数学教学中,这些全新概念的教学是非常关键的,它要求学生在头脑中进行新的变革,如果做不好,即不能形成新的适当的图式,那么不但新的概念无法理解,而且在理解与新概念有关的概念上也会出现问题。

最后,皮亚杰的儿童认知发展阶段理论对于数学教学设计也有重要的帮助。这主要表现在该理论能够使教师能更好地理解学生,理解在初中和高中阶段一般的学生会在认知发展上具有什么样的特点,从而更好地设计数学教学,使教学与学生的认知发展水平相适应。

2.2 维果茨基的社会文化理论与中学数学教学设计

维果茨基(图2.2)是苏联著名的心理学家,其社会文化理论具有重要的影响力。

图2.2 维果茨基

2.2.1 维果茨基的社会文化理论

1. 儿童的心理机能

维果茨基指出,人的心理发展的第一条客观规律是:人所特有的被中介的心理机能不是从内部自发产生的,它们只能产生于人们的协同活动和人与人的交往中。人的心理发展的第二条客观规律是:人所特有的新的心理过程结构最初必须在人的外部活动中形成,随后才可能转移至内部,成为人的内部心理过程的结构。根据以上两条规律,他给出了儿童文化发展的一般发生法则:"在儿童的发展中,所有的高级心理机能都两次登台:第一次是作为集体活动、社会活动,即作为心理间的机能;第二次是作为个体活动,作为儿童的内部思维方式,作为内部心理机能。"

高级心理机能是以工具与符号为中介的。维果茨基将人的心理机能分为两种形式:低级心理机能和高级心理机能。前者具有自然的、直接的形式,后者具有社会的、间接的形式。区别人与动物最根本的东西就是工具和符号。人所特有的高级心理机能是以社会文化的产物——符号为中介的。人类文化随着人自身的发展而增长与变化,并对人的一切产生越来越大的影响,正是通过工具的使用和符号的中介,人才有可能从低级心理机能向高级心理机能转化。人生活在一个符号世界中,我们的行为不是由对象本身决定的,而是由与对象联结在一起的符号决定的,我们赋予客体意义并按照那些意义行动。语言是人类为了组织思维而创造的一种最关键的工具,概念和知识都寓于语言之中。语言是思考与认知的工具,当一个人在学习语言时,他不仅仅在学习语词,同时还在学习与这些语词相关的思想;语言可用于社会性的互动与活动,儿童可以凭借语言与他人相互作用,进行文化与思想的交流;语言是自我调节和反思的工具,语言也是通过历史而发展的。符号中介是知识建构的所有方面的关键,维果茨基认为,符号机制(包括心理工具)是社会机能和个体机能的中介,连接了内部意识和外部现实。

2. 最近发展区

维果茨基将最近发展区定义为:实际的发展水平与潜在的发展水平之间的差距。前者由儿童独立解决问题的能力而定,后者则是指在成人的指导下或是与能力较强的同伴合作时,儿童能够解决问题的能力。维果茨基将学生解决问题的能力分成了三种:学生能独立进行的、即使借助帮助也不能表现出来的、处于这两个极端之间的借助他人帮助可以表现出来的。维果茨基明确指出了教学与发展之间的关系,教学促进发展,教学应该走在发展的前面,良好的教学应走在发展前面并引导之。

2.2.2 维果茨基的社会文化理论对中学数学教学设计的指导

在中学数学教学设计中,维果茨基的社会文化理论有如下指导作用。

第一,我们知道,数学对象首先表现为外部表征,如图形、数学表达式和图像等,对这些数学对象的学习所表现的正是儿童的心理间机能,儿童通过对这些外在表征进行操作从而在一定程度上理解它们。这是数学学习中学生高级心理机能的第一次登台。在此基础上,学生将这些外部表征映射到自己的内部,即数学对象进入到学生个体的内部表征中,学生在解决数学问题的过程中对这些内部表征进行操作,即进行内部思考,这展现的是学生的第二次高级心理机能的登台。第一次心理间的数学学习是为第二次的内部机能做准备的。只有在第二次的心理机能的展示中才能真正体现数学的特征。因此,在数学教学设计中,我们应该按照这样的顺序进行教学设计:首先通过儿童之间的互动以及儿童与教师之间的互动进行数学具体对象的学习,然后以此为基础,促进学生的积极的数学思维。

第二,关于工具和符号。首先谈一谈工具。数学学习作为一种特殊的认知活动,需要各种工具,通过这些工具,学生实现了对数学对象的认知。传统的数学学习工具包括黑板、粉笔、各种几何模型和教学挂图,这些传统的数学学习工具在长期的数学教学中发挥了重要的作用,在今天也还能发挥其作用。今天的数学学习工具最突出的代表是现代信息技术工具,如计算器、计算机、投影仪、数学教学软件及课件等,这些现代工具能够在数学教学和学习中发挥重要的作用,在以后的章节中还会进一步介绍它们的作用。在数学教学设计中,教师要根据教学的需要以及各种学习工具的特点,合理地将工具运用于数学教学中,使学生能够借助这些工具,更好地实现对数学的认知。然后再来谈一谈符号。数学符号,即数学语言,是数学概念及数学命题的表征。通过数学语言的学习,学生掌握了数学内容,能够进行数学运算和推理,能够解决数学问题和现实问题。如果没有数学符号和数学语言,那么这些都无法实现,因此对数学语言的掌握对于数学学习是至关重要的,甚至可以说,学习数学实际上就是学习数学语言。对于教师的教学设计来说,可以从语言的角度来看待学生的数学学习。例如,让学生有机会谈一谈数学,注意规范地写出数学运算和推理过程,等等。

第三,对于最近发展区,我们还有如下一些思考和认识:其一,如果从最近发展区的观点来看数学课堂教学,那么数学课堂教学就是使学生从现有水平发展到潜在水平,而教学活动则是促进这种过程的活动,其中学生自身的努力是非常重要的;其二,现有水平和潜在水平的差距本质上就是思维水平的差距,数学教学就是要刺激学生的数学思维发展;其三,最近发展区也说明了数学教学中"度"的重要性,这主要体现在教学的难度要位于最近发展区中;其四,一线教师经常用"跳一跳,摘个桃"来说明数学教学中学生的学习,这句话被很多人认为是通俗地表达了最近发展区的意思。确实,这句话说明了学生的学习应该基于现有的水平,目标应该是力所能及的或在自身的努力下能达到的,但这句话没有体现教师在其中的作用。最近发展区理论对于中学数学教学设计的指导意义表现在:教师在确定教学任务时应该将任务确定在最近发展区内,即需要学生努力并且在教师和同学协助下才能完成的任务。过于简单或过于难的任务都是不恰当的。最近发展区的任务简单地说就是可以提高学生数学能力的任务。

2.3　弗赖登塔尔的数学教育思想与中学数学教学设计

弗赖登塔尔(图2.3)是20世纪最著名的数学教育家,他的数学教育思想对数学教育教学产生了很大的影响。

图2.3　弗赖登塔尔

2.3.1 弗赖登塔尔的数学教育思想

1. 数学现实

弗赖登塔尔的数学现实主要是针对学生的数学基础而言的,它是指学生已经掌握的数学概念、数学规则以及运算方法等构成的数学结构,即对于每个学生而言,他都会有自己的数学现实,不同学生的数学现实是不同的。每个学生的数学现实是其在数学学习和数学应用的过程中逐步形成的,数学学习启示就是在已有的数学现实的基础上形成新的数学现实。

2. 数学化

数学化的本义是将本来不是数学的变成数学的,将本来是低层次的数学变成较高层次的数学。弗赖登塔尔认为,学习数学其实就是学习数学化,甚至整个数学的发展其实就是一个数学化的过程。那么弗赖登塔尔的数学化是什么意思呢?弗赖登塔尔认为,数学化就是指人们在观察现实世界时运用数学方法研究各种具体现象并加以组织和整理的过程。显然,弗赖登塔尔所说的现实世界其实有两种意思:一是现实的物质世界,即我们平时所说的现实世界;二是数学世界。据此,弗赖登塔尔进一步将数学化分成横向数学化和纵向数学化。横向数学化是指将现实生活中的问题转化成数学问题或者说将现实生活对象转化成数学对象,纵向数学化是指将数学对象进一步抽象成抽象度更高的数学对象。

3. 再创造

中小学所学习的数学知识都是数学家很早以前就创造出来的。弗赖登塔尔认为,教师应该创设一定的情境并给予适当的指导,使学生在一定程度上能以与数学家创造数学知识的过程类似的方式将这些知识再次创造出来,他认为这是学习数学最好的途径。很显然,中小学生的数学知识再创造过程与早年数学家的创造过程有很大的区别,其中最大的区别就在于是否有教师的指导和帮助。

4. 反思

弗赖登塔尔强调学习过程中反思的重要性,他认为学生在数学学习过程中,可以进行多方面的反思,包括对数学内容、数学经验和数学方法等的反思。他认为,没有反思,学生就难以进行数学化的发展;没有反思,学生就不能进行数学的再创造。总之,没有反思就不可能进行真正的数学学习。

2.3.2 弗赖登塔尔的数学教育思想对中学数学教学设计的指导

1. 关于数学现实

学生的数学现实是其学习的基础,新知识的学习是建立在其数学现实之上的。在教学设计时,教师要从学生的数学现实出发,设计教学目标、教学难点、教学方法以及教学过程。从学生的现实出发,在教学过程中设计适当的情境。实际上,对于学生来说,弗赖登塔尔的数学现实与维果茨基的最近发展区中的现有水平之间是有密切联系的。另外,教师在教学设计时需要注意,不同学生的数学现实是不尽相同的。严格地说,没有两个学生的数学现实是完全一致的。这就要求教师要对学生的数学现实有清楚的了解。教学设计所要求的学情研究应该包括学生的数学现实。正是由于学生的数学现实不同,因此,在教学设计中教师要考虑到因材施教,所设计的教学活动要考虑到不同学生的情况。

2. 关于数学化

因为学生的数学发展过程从一定程度上说就是数学化的过程,所以教师在教学设计中要注意数学化,要注意数学内容的展开是一个数学化的过程。在教学设计时,如果针对的是新的内容,如新的概念或新的命题,那么要设法从学生的生活实际出发,从中抽象出要学习的数学知识,或者从已有的数学知识出发,进一步抽象出更为抽象的数学知识。在教学设计中要注重应用题的教学和数学建模的教学,要使学生具有分析现实问题、将现实问题转化为数学问题的能力。

3. 关于再创造

在数学教学中,让学生进行数学知识的再创造是很有价值的。例如,它可以培养学生的创造力,使学生对知识有更好的理解,使学生对于数学本身有更正确的认识,等等。因此,在数学教学中要让学生有机会进行数学知识的再创造。在教学设计时,教师应该进行数学知识再创造的设计。例如,在进行新概念的教学设计时,教师应该设计一种过程,使学生间接地接受新的概念,类似于当初数学家创造这个概念一样去把这个概念再创造出来。显然,再创造的教学设计与让学生接受知识的教学设计是有很大差别的,这需要教师认真地进行研究,比如在学生的再创造过程中,教师该如何设置情境和如何引导学生进行探究发现。

4. 关于反思

根据弗赖登塔尔的观点,没有反思就没有数学学习,因此,反思对于学生的数学学习来说是不可或缺的。数学教师在进行教学设计时应给予学生反思的机会,但在当前的数学教学中,学生几乎没有反思的机会。例如,在一般的数学课中都有一个总结的环节,在这个环节中大多是教师对于这一节课所教的知识与技能以及数学思想、方法等进行总结。实际上,我们可以将这个环节设计成学生反思的环节,即学生对于这一节课所学的知识进行反思,如"在这一节课的学习中,我哪些知识学得好,对哪些知识不是很理解?""这一节课我觉得哪个知识非常有趣?""这一节课我对数学的应用价值有什么样的新体会?"等等,这种反思比起单纯地对所学知识进行罗列,效果应该好很多。

2.4　奥苏贝尔有意义学习理论与中学数学教学设计

奥苏贝尔(图2.4)是美国认知教育心理学家,其所提出的许多观点对于教育教学有较大的影响,下面将简要介绍他的有意义学习理论及其对中学数学教学设计的指导。

图2.4　奥苏贝尔

2.4.1　奥苏贝尔的有意义学习理论

什么是有意义学习?奥苏贝尔认为,有意义学习的实质是符号所代表的新知识与学习者认知结构中已有的知识建立了非人为的和实质性的联系。这里的非人为的联系是指符号所代表的新知识与原有知识之间有逻辑上的继承和发展关系,是知识之间的内在联系。例如,要使三角形概念的学习变得有意义,就要将三角形的概念与原先学习过的线段以及封闭图形的概念联系起来。实质性联系是指用不同的语言或其他符号将表达的同一内容联系起来。他指出,知识的有意义学习必然以有意义的知识内容和已有的知识经验为基础,再加上有意义学习的心向。此三者构成了有意义学习的充分必要条件,是有意义学习的基础和前提条件。这三个条件缺一不可,缺少其中任何一个条件都不能称为有意义的学习。而随意增加这三个条件之外的另外一个条件都是多余的。

关于有意义学习的类型,奥苏贝尔给出了四种,即表征学习、概念学习、命题学习和发现学习。表征学习是指关于各种符号意义的学习。数学的表征学习是将数学的名词、符号所代表的具体对象,在认知结构里建立起等值关系,这种具体对象成为了数学名词、符号的指代物。概念学习就是要揭示概念的本质特征。概念学习有两种基本方式:概念形成和概念同化。概念形成是指学生通过归纳发现一类物体的本质特征,概念同化是指学生利用认知结构中已有的相关概念，以定义的方式来揭示概念的本质。有意义的命题学习是指所学习的命题与儿童认知结构中已有的命题建立起联系。发现学习是指学习内容不是以定论的方式呈现给学生，而是要求学生在把最终结果并入认知结构之前，先对学习内容进行重新排列、组织或转换等认知活动。奥苏贝尔将发现学习分成三种不同的层次，即运用、问题解决和创造。这个观点与我们现在对于发现学习的理解是有所不同的。

奥苏贝尔强调，学生的学习以有意义的接受学习为主，这是因为，有意义的接受学习是学生在教师的指导和传授下获得知识的最经济、最快捷、最有效的学习方式。学生正是用这种既省时又省力的方式在较短的时间里获得大量有用的知识。奥苏贝尔提倡的课堂讲授教学模式就是最经济、最便捷、最有效的教学方式。课堂讲授教学这种教学方式经久不衰，任何新的、现代化的教学模式和手段都没有动摇它的基础地位，这足以证明它的实用性和有效性。奥苏贝尔在课堂教学理论上的一大贡献是他有力地阐释了讲授教学不能等同于"填鸭式"教学的理论根据，这个理论根据就是有意义学习的三个充分必要条件。

先行组织者是奥苏贝尔提出的一个重要的教育心理学概念。当学生面对新的学习任务时，如果原有的认知结构中缺少同化新知识的适当的上位观念，或原有的观念不够清晰或巩固，则有必要设计一个在学习材料呈现之前呈现的引导性材料，它可能是一个概念、一条定律或者一段说明性文字，也可能是通俗易懂的语言或直观形象的具体模型，但是在概括和包容的水平上要高于学习材料（因此属于下位学习），从而构建一个使新旧知识发生联系的桥梁。这种引导性材料被称为先行组织者。先行组织者对于学生的学习有几个明显的作用：一是能够将学生的注意力集中在将要学习的新知识中的重点部分；二是突出强调新知识与已有知识的关系，为新知识提供一种框架；三是能够帮助学生回忆起与新知识相关的已有知识，以便更好地建立联系。

2.4.2 奥苏贝尔有意义学习理论对中学数学教学设计的指导

奥苏贝尔的有意义学习理论对于数学教学设计的指导意义是多方面的，这里只强调如下两点。

第一，讲授法并不过时，更不是错误的教学方法。尽管讲授法在今天的中学数学教学中仍然扮演着重要的角色，但是由于今天在数学教学中提出了许多其他的教学方法，在一些人看来，讲授法似乎不是一个好的方法。而奥苏贝尔告诉我们，讲授法有许多长处，值得我们很好地运用，当然，在讲授法的使用上确实有一些需要注意的地方，例如，教师在讲授的过程中要注意和学生的互动，要注意让学生在听讲的过程中积极地思考，等等。因此，当教师在进行教学设计的方法设计时，要将讲授法作为一种重要的方法来应用。

第二，先行组织者对于学生学习新知识是至关重要的，因此，教师在教学设计时要做好先行组织者的工作，或者说，要做好复习这个环节。复习环节虽然是一般教师都会在新内容教学之前要做的，但是复习什么却并不是每个教师都很明确的。教师在教学设计的复习环节设计时，要从先行组织者的角度组织复习，简单地说，即复习那些与新内容有关的旧知识，而不是复习上节课的内容。

2.5 数学课程的理念与中学数学教学设计

我国现行的数学课程标准包括《义务教育数学课程标准》和《普通高中数学课程标准》，这两个课程标准中都包含数学课程的理念，这是整个数学课程标准的理论基础。这些理论基础对于教师的数学教学设计也同样具有指导作用，可以作为教师教学设计的理论根据。下面将以《义务教育数学课程标准》2022年版的课程理念来说明其对于中学数学教学设计的指导意义。

图 2.5 《义务教育数学课程标准》2022年版的封面

2.5.1 数学课程的理念

第一，确立核心素养导向的课程目标。

义务教育数学课程应使学生通过数学学习，形成和发展面向未来社会和个人发展所需的核心素养。核心素养是在数学学习过程中逐渐形成和发展的，不同学段的不同发展水平是制定课程目标的基本依据。

课程目标以学生发展为本，以核心素养为导向，进一步强调使学生获得数学基础知识、基本技能、基本思想和基本活动经验（简称"四基"）的获得与发展，发展运用数学知识与方法发现、提出、分析和解决问题的能力（简称"四能"），形成正确的情感、态度和价值观。

第二，设计体现结构化特征的课程内容。

数学课程内容是实现课程目标的重要载体。

课程内容选择。保持相对稳定的学科体系，体现数学学科的特征；关注数学学科发展前沿与数学文化，继承和弘扬中华优秀传统文化；与时俱进，反映现代科学技术与社会发展的需要；符合学生的认知规律，有助于学生理解、掌握数学的基础知识和基本技能，形成数学基本思想，积累数学基本活动经验，发展核心素养。

课程内容组织。重点是对内容进行结构化整合，探索发展学生核心素养的路径。重视数学结果的形成过程，处理好过程与结果的关系，重视数学内容的直观表述，处理好直观与抽象的关系；重视学生直接经验的形成，处理好直接经验与间接经验的关系。

课程内容呈现。注重数学知识与方法的层次性和多样性，适当考虑跨学科主题学习；根据学生的年龄特征和认知规律，适当采取螺旋式的方式，适当体现选择性，逐渐拓展和加深课程内容，适应学生的发展需求。

第三，实施促进学生发展的教学活动。

有效的教学活动是学生学和教师教的统一，学生是学习的主体，教师是学习的组织者、引导者与合作者。

学生的学习应是一个主动的过程，认真听讲、独立思考、动手实践、自主探索、合作交流等是学习数学的重要方式。教学活动应注重启发，激发学生的学习兴趣，引发学生积极思考，鼓励学生质疑问难，引导学生在真实情境中发现问题和提出问题，利用观察、猜测、实验、计算、推理、验证、数据分析、直观想象等方法分析问题和解决问题；促进学生理解和掌握数学的基础知识和基本技能，体会和运用数学的思想与方法，获得数学的基本活动经验；培养学生良好的学习习惯，形成积极的情感、态度和价值观，逐步形成核心素养。

第四，探索激励学习和改进教学的评价。

评价不仅要关注学生数学学习的结果，还要关注学生数学学习的过程，激励学生学习，改进教师教学。通过学业质量标准的构建，融合"四基""四能"和核心素养的主要表现，形成阶段性评价的主要依据。采用多元的评价主体和多样的评价方式，鼓励学生自我监控学习的过程和结果。

第五，促进信息技术与数学课程融合。

合理利用现代信息技术，提供丰富的学习资源，设计生动的教学活动，促进数学教学方式方法的变革。在实际问题解决中，创设合理的信息化学习环境，提升学生的探究热情，开阔学生的视野，激发学生的想象力，提高学生的信息素养。

数学教学活动应激发学生的兴趣，调动学生的积极性，引发学生的数学思考，鼓励学生的创造性思维；要注重培养学生良好的数学学习习惯，使学生掌握恰当的数学学习方法。

学生学习应当是一个生动活泼的、主动的和富有个性的过程。除接受学习外，动手实践、自主探索与合作交流同样是学习数学的重要方式。学生应当有足够的时间和空间经历观察、实验、猜测、计算、推理、验证等活动过程。

教师教学应该以学生的认知发展水平和已有的经验为基础，面向全体学生，注重启发式教学和因材施教。教师要发挥主导作用，处理好讲授与学生自主学习的关系，引导学生独立思考、主动探索、合作交流，使学生理解和掌握基本的数学知识与技能、数学思想与方法，获得基本的数学活动经验。

学习评价的主要目的是全面了解学生数学学习的过程和结果，激励学生学习和改进教师教学。应建立目标多元、方法多样的评价体系。评价既要关注学生学习的结果，也要重视学习的过程；既要关注学生数学学习的水平，也要重视学生在数学活动中所表现出的情感与态度，帮助学生认识自我、建立信心。

现代信息技术的发展对数学教育的价值、目标、内容及教学方式产生了很大的影响。数学课程的设计与实施应根据实际情况合理地运用现代信息技术，要注意现代信息技术与课程内容的整合，注重实效。要充分考虑现代信息技术对数学学习内容和方式的影响，开发并向学生提供丰富的学习资源，把现代信息技术作为学生学习数学和解决问题的有力工具，有效地改进教与学的方式，使学生乐意并有可能投入到现实的、探索性的数学活动中去。

2.5.2 初中数学课程理念对中学数学教学设计的指导

第一，虽然数学课程理念中提到的是数学课程目标，但它对于数学教学设计中教学目标的设计是有启示的，因为数学课程目标是通过每节课的教学目标的实现而实现的，每节课的教学目标都在某种程度上有助于课程目标的实现。

数学教学目标的设计应该注重培养学生的数学核心素养，应该从核心素养的高度来看待数学教学目标，甚至从核心素养的高度来看待整个数学教学过程。所有的数学核心素养都是在数学学习过程中逐步形成和发展的，每节数学课甚至每个数学活动都是为了发展学生的某个或某些数学核心素养的。需要注意的是，学生在不同的学段发展的数学核心素养的侧重点是不同的，例如，在小学阶段可以发展学生的某种意识，而在初中阶段则可以发展学生相应的能力。

在数学教学设计中，教学目标的设计应该从三个方面考虑：一是数学基础知识、基本技能、基本思想和基本活动经验，即"四基"；二是运用数学知识发现、提出、分析和解决问题的能力，即"四能"；三是形成正确的情感态度和价值观。这三个方面实际上是数学核心素养的具体化，换句话说，教学中关注了这三个方面其实也就关注了数学核心素养。而从前文的分析中也可以看出，这三个方面与知识与技能、过程与方法以及情感态度与价值观本质上并不冲突，因此，在设计教学目标时，仍然可以从这三个方面来进行。

第二，数学课程内容的确定有三个依据，即社会的发展、数学的特点和学生的认知规律，这对于教师的教学设计是有一定的指导意义的，尤其是学生的认知规律是教师在教学设计时应特别应该注意的。学生的认知规律包括从一般到特殊、从简单到复杂和从具体到抽象等，这些是教师在安排教学活动时应该要考虑的，即所安排的教学活动应该符合学生的认知规律，这样会更容易掌握所学的内容。在教学设计时，教师要处理好结果和过程的关系，即学生不但要掌握一个具体的教学结果，如概念和命题，也应该要知道这个结果是如何得来的，因此要注意过程性教学的设计。数学内容的背后是数学思想和方法，在教学中，不但要让学生掌握数学知识，对于数学思想和方法的掌握同样也是重要的，这就要求教师在教学设计时不能只关注表面的数学知识，还要研究其背后的思想和方法，并要通过教学设计凸显这些思想和方法。

教师在教学设计时要注意教学要尽量和学生的实际相关。例如，设置教学情境时应该尽量选择熟悉的情境，应用题也尽量选择那些学生熟悉的场景。这样做有利于学生更好地进行数学思考,而不需要首先努力去理解情境。

跨学科主题的设计及教学是一个需要数学教师特别关注的方面。跨学科主题是一个需要运用包括数学知识和方法在内的不同的知识(如物理)来共同解决的问题,它对于培养学生综合运用不同的知识与方法解决问题的能力有极大的意义。在教学设计中,教师应该对该方面的教学内容予以重视,当然,这对于教师自身的能力水平也提出了更高的要求。

第三,因为教学活动是师生双方相互配合、共同完成教学任务的过程,因此在教学活动的设计中,教师要明确在该活动中教师的行为和学生的行为分别是什么,并且要特别注意教师的行为和学生的行为是如何相互配合的。在师生的互动中,学生是学习的主体,也就是说,学习是学生的学习,而教师的行为则是为了帮助学生更好地学习。

学生的数学学习兴趣和积极性属于数学学习的情感因素,它们在学生的数学学习中扮演着非常重要的角色。如果没有没有数学学习的兴趣和积极性,那么学习的效果可想而知。数学是一门相对来说难度较大的学科,其抽象性和严谨性都使它比其他学科更难学习。因此,教师在教学设计时,其中每个环节、每个活动都要考虑到如何使教学内容或教学方式更能激发学生的学习兴趣和调动他们的学习积极性。

数学是一门思维的学科,数学的本质在于其思维的特点。因而,数学课堂应该是学生思考的场所。教师在教学设计时应该鼓励学生进行数学思考。在每个教学环节的设计中,教师都应该带着这样的问题,即该环节需要学生什么样的数学思维。数学思维既包括逻辑思维也包括非逻辑思维,而非逻辑思维与创造性有很大的关系,因此,要把培养学生的非逻辑思维能力放在重要的位置上。

数学学习是人类重要的行为之一。决定一个学生是否能够很好地学习数学有很多因素,其中重要的因素之一是数学学习方法。教师在教学设计中,不但要着眼于学生的数学学习,还要关注学生的数学学习方法,要让学生知道如何有效地进行数学学习。

数学教学方法具有多样性的特点,这主要是由数学教学活动的不同特点造成的。传统的接受式学习并不是落后的学习方法,它有很多优点,另外,它实际上也是人类学习的主要形式。因此,在进行教学方法的设计时,接受式学习应该是一个很好的选择。此外,还应该考虑一些其他的学习方法,如动手实践、自主探索和合作交流等。实际上,在一节数学课中,教学方法往往具有多样性的特点,这些方法协同作用,共同完成一节课的教学或学习任务。

教师在数学教学中起主导作用,这种主导作用应该体现在教学设计中。教师主导作用主要表现在为学生的数学学习设置情境、给学生动手和动脑的机会、引导并启发学生的数学学习。教师主导作用的发挥是学生主体地位的保证。启发式教学和因材施教是教师在教学设计中尤其需要注意的两个方面。启发式教学并不是一种具体的教学方法,而是一种重要的数学教学思想,几乎在所有的教学方法中都应该体现出这种思想。因材施教是班级教学的难点,教师在教学设计中应该认真地考虑这个问题,尽可能地做好因材施教,如在提问的设计和作业的设计上要考虑到不同学生的能力。

第四,数学学习评价也可以分成终结性评价和过程性评价。对于一节课的教学来说,实际上也具有过程性和终结性,只不过这里的过程性是指一节课的过程,终结性是指一节课的终结。我们可以将一节课的过程性和终结性评价称为课堂过程性评价和课堂终结性评价。

在教师的教学设计中,要将评价考虑在内。教师的教学过程同时也应该是对学生的学习进行评价的过程,通过对学生的提问、对学生学习的观察以及学生的课堂练习,教师不停地对学生的学习情况进行评价。对于学生的数学学习要以激励为主,但对于学生在教学过程中所表现的不足也应该提出批评。

第五,如果说传统的数学课堂教学是教师、学生和教学内容的三者互动,那么今天的数学课堂教学就是教师、学生、教学内容和现代信息技术的四维结构。现代信息技术已经对我们这个社会及我们的生活产生了巨大的影响,数学教学在现代信息技术的冲击下已经大大地不同于传统的数学教学了。教师在教学设计时应该考虑现代信息技术的使用。但是要注意,现代信息技术的使用是为了使学生能够将数学学得更好,因此要注重实效。例如,在学生的数学探究活动中,利用现代信息技术可以使学生的探究更为有效。互联网中与数学教学内容相关的信息是非常丰富的,教师在教学设计中也应该注意这一点。

习题

1. 请分析维果茨基的最近发展区理论对于数学教学的意义。
2. 请分析弗赖登塔尔数学再创造思想的现实意义。

课外阅读材料

[1] 皮亚杰. 发生认识论原理[M]. 王宪钿,译. 南京:商务印书馆,1981.
[2] 列夫·维果茨基. 社会中的心智:高级心理过程的发展[M]. 麻彦坤,译. 北京:北京师范大学出版社,2018.
[3] 弗赖登塔尔. 作为教育任务的数学[M]. 陈昌平,唐瑞芬,译. 上海:上海教育出版社,1995.
[4] 戴维·保罗·奥苏贝尔. 意义学习新论:获得与保持知识的认知观[M]. 毛伟,译. 杭州:浙江教育出版社,2018.

第3章 中学数学教材分析方法

教材分析可以是对一个单元的教材进行分析,也可以是对一册数学书的内容进行分析,还可以是对一个学段甚至更大范围的教材进行分析。对于较大范围的教材分析可以称为宏观教材分析,而对于一节课的教材内容的分析则可以称为微观教材分析。宏观教材分析对于教师来说当然是有必要的,但对于数学教师来说,最经常做的是微观教材分析。

本章所介绍的是对一节课的教材内容进行的微观教材分析,这是因为教学设计通常是对一节课的教材内容进行的。通过本章的学习,读者应该认识到数学教材分析的重要性,并且能够对一节课的数学教材内容进行有效的分析,从而为数学教学设计做好准备。

3.1 中学数学教材分析及意义

所谓中学数学教材分析就是通过对中学数学教材中的一节内容进行研究,从而明确该节内容所提供的表面的和内在的数学以及数学教学的信息。简单地说,中学数学教材分析实际上就是要弄清楚一节内容告诉了我们什么。

要回答数学教师为什么要进行教材分析这个问题,首先要清楚数学教材在整个数学课程实施中所处的地位和发挥的作用。我们知道,由于数学的重要作用,因此必须要让新一代人能够掌握一定的、人类长期以来积累的数学知识(其他各种领域的知识也是如此),这样就有了学校数学课程。在现代社会,数学课程的实施首先并不是编写数学教材,而是制定数学课程标准。数学课程标准是由政府(如我国政府)或一些权威机构[如全美数学教师协会(NCTM)]制定的,它对于数学课程的基本思想、课程目标及课程内容等进行了规定。当然这些规定也不是随意制定的,而是根据数学和社会的发展与需要等因素确定的。有了数学课程标准,就可以编制教材了。如果说课程标准是一些比较抽象的规定,那么数学教材就是要将这些抽象的规定具体化,通过一节一节数学教学内容的安排,从各个方面体现课程标准的要求。一般来说,出版商总是会基于某个数学课程标准编制教材,而所编制的教材是否合格就是要看该教材是否真正体现了课程标准的要求(如在美国,很多出版商出版的数学教材都声称基于NCTM的课程标准,但调查发现其中的一些并不能真正地体现NCTM课程标准的思想)。在我国,基于《义务教育数学课程标准》编制的初中数学教材就有北师大版、人教版、苏教版、沪科版、华师大版和浙教版等近十个版本,根据《普通高中数学课程标准》编制的高中数学教材也有多个版本,如人教版、苏教版和北师大版等。这些版本各异的中学数学教材的共同点是它们都体现了数学课程标准的要求。当然,这些不同版本的教材都有自己的特色,如处理某个内容的方式以及结构等会有所不同。当然,从世界范围来看,并不是所有声称符合某课程标准的数学教材就一定符合课程标准,这已被现有的调查所证实。

　　数学教师面对的并不是数学课程标准,而是数学教材。在实际的数学教学中,教师很少会研究数学课程标准,当然,这并不是说数学课程标准对于教师的数学教学完全没有指导意义,但教师研究数学教材而不是研究数学课程标准也是有道理的。根据 TIMSS(国际数学与科学趋势研究项目)研究人员的观点,数学课程标准中描述的数学课程是一种期望课程,是课程标准研制人员或政府对于数学课程要实现的目标的期望,即通过数学课程的实施最终要达到的结果。因为数学教材从理论上说是将课程标准这种抽象的要求具体化,所以可以认为,如果教师在教学中完全体现了数学教材的思想,那么实际上也就符合了课程标准的要求。因此,这样一种说法也是有一定道理的,即课程标准是给教材编写者看的,而教材是给教师(学生)看的。

　　有多个调查表明,中小学教师对于教材的依赖性是很大的,即绝大多数教师的教学工作在很大程度上要依赖于教材。另外,也有调查表明,对于数学教师来说,对数学教材的依赖更甚于其他学科。数学教师对于数学教材的依赖性如此之大,带来了两个问题:第一,数学教材必须是高质量的。数学教师的教学既然如此依赖教材,如果教材的质量不高,那么后果真是不堪设想。因此,各个国家都意识到编制高质量数学教材的重要性,都在设法编制高质量的数学教材,有的国家或地区甚至从其他国家购买被公认为高质量的数学教材,这样的做法是否合适我们不在此讨论,但这样的做法起码反映了中小学师生希望能够使用高质量数学教材的想法。什么是高质量的数学教材呢?数学教材体现数学课程标准的思想和要求是其最基本的条件,此外,数学教材还要能够为教师提供合理的教学建议,能够提供典型的各类数学问题,能够提供拓展性的材料,等等,只有做到了这些才能算是一本高质量的教材。我们国家无论是义务教育阶段还是高中阶段都有不少数学教材版本,这些数学教材当然都能体现数学课程标准的思想,但它们的质量会有差别。一个很显然的问题是,即使数学教材的质量很高,但如果教师没有能够很好地使用,那么它对于数学教学质量的影响也就非常有限了,这就引出了第二个问题,即教师要能够用好教材。

　　现有的调查也说明了这样的事实,即不同的教师对于相同的教材,使用的方式是不同的。这是非常容易理解的,因为不同教师的教材分析水平是不同的。此外同一个教师在不同的时期使用同一本教材的方式也会有所不同,因为教师分析教材的水平是变化的。不同的教材使用方式会导致不同的教学设计,进而导致不同的数学课堂教学。教师能够用好教材就代表他具有较高的教材分析水平,能够通过对教材的分析,尽可能地得到教材中所希望传递的信息,从教材中得到的越多,说明教师分析教材的水平越高,或者说教师对于教材的使用就越好。那么如何进行数学教材分析呢?简单地说,数学教材分析就是要搞清楚教材编写者的编写意图。我们知道,教材编写者要编制数学教材,他们首先必须要研究数学课程标准,将课程标准吃透,即完全领会课程标准的要求,在此基础上,他们通过对教学内容的编排将课程标准中的思想、目标和内容等以具体的方式体现在数学教材上。因此,教师通过分析数学教材搞清楚编写者的编写意图,从总体上说,也就抓住了数学课程标准对数学课程的要求。那么,教师该如何具体地进行中学数学教材的分析呢?

3.2 中学数学教材分析的方法

教师对一节课的数学教材内容进行分析,可以分成两个步骤:一是全面地理解教材;二是在此基础上明确教材各部分与教学目标之间的关系。后者真正地体现了教材编写者的编写意图。

3.2.1 理解教材内容

教师对于数学教材分析的第一步应该是通过阅读教材从而理解教材内容,而这又意味着教师应该清楚教材的结构以及能够对各个部分有正确的理解。一般来说,教材中一节内容的结构包括四个部分,即数学知识、数学知识的背景、数学活动及数学任务(如同语文课中对课文的分析总是要首先划分段落一样)。

1. 数学知识

数学知识主要包括数学概念和命题。在现有的整体性研究中,对于数学知识的分析都是其必定会关注的。例如,TIMSS对于数学教材的分析所涉及的五个维度中的第二个和第三个维度都是关于数学知识的。国内有学者提出数学教材分析的八个策略中的结构化策略主要也是对于数学知识的分析。这些研究对于数学知识的分析主要包含数学知识在教材中的顺序以及知识之间的联系等。

对于一节课的数学教学内容来说,数学知识显然是其中不可或缺的部分。教师在阅读一节教材中的数学知识部分时,不仅应该知晓本节的数学知识包含哪些,而且还应该明确这些知识之间有什么联系以及它们在整个知识体系中占有什么样的地位等。此外,作为数学教师,他应该对这一节所包含的数学知识有更深刻的理解,而这一点对于教师在教学中游刃有余地讲解数学知识是极为重要的。中学数学知识包括初等数学知识和高等数学知识两部分。高等数学知识主要是高中部分的微积分和概率统计等,教师想要深刻地理解这部分知识,需要对高等师范院校数学系开设的一些课程,如数学分析和概率统计等有很好的掌握。初等数学知识包括方程、不等式和函数等,这些知识是中学数学中的主要知识,数学教师也应该能够深刻地理解这些知识。而要理解这些数学知识,教师需要从两个方面着手:一是学好高等师范院校数学系开设的初等数学研究课程,这是一门具有数学师范特色的数学课程,该课程全面而深刻地介绍了初等数学知识,对初等数学研究课程的很好掌握对于中学数学教学来说绝对是不可缺少的,否则,对中学数学中的许多内容教师是难以讲清楚的;二是学好高等师范院校数学系开设的一些高等数学课程,如高等代数、空间解析几何等,对这些课程内容的掌握,将使教师可以从更高的角度来看中学数学的内容,如从高等数学中的方程理论知识来看中学数学中的方程。从更高的角度来看中学数学的内容可以使教师对中学数学内容有更深的理解。总之,就中学数学知识来说,教师要想能够进行有效的教学,就应该对初等数学和高等数学内容有很好的掌握,因此,高等师范院校数学系所开设的包括初等数学和高等数学课程在内的课程对于中学数学教师的教学是必要的。

与数学知识相关的是数学技能,知识和技能历来在教学目标中被相提并论。传统数学教学中的双基就是基础知识和基本技能。数学技能是指个体进行数学操作的能力,如运算和画图等,它对于数学学习或数学研究来说都是必不可少的,如果没有相应的数学技能,那么数学问题的解决将无法进行。教师在进行教材分析时要清楚这一节内容需要学生具有什么样的数学技能,并在教学中让学生掌握该技能并进一步理解该技能。掌握该技能是指学生能够运用该技能,如学生能够用描点法绘制出函数图像。理解该技能是指学生能够知道该技能背后的数学原理,如学生能够知道描点法绘制函数图像是"图像上的点都满足函数关系,而满足函数关系的数对都在图像上"。由于数学技能的背后是数学知识,因此数学知识和技能之间具有密切的关系。在教学中,不但要让学生掌握数学技能(如算法和画法),还要让他们明确背后的数学知识(如算理和画理)。

下面将以人教版高一《数学》必修第三册(B版)第7.1.1节为例说明其中的知识和技能:
此节中包含的知识1:任意角的概念、正角、负角和零角(图3.1)。

> 由此就可以将角的概念进行推广:一条射线绕其端点旋转到另一条射线所形成的图形称为角,这两条射线分别称为角的始边和终边。射线的旋转有两个相反的方向:顺时针方向和逆时针方向。习惯上规定,按照逆时针方向旋转而成的角称为正角;按照顺时针方向旋转而成的角称为负角;当射线没有旋转时,我们也把它看成一个角,称为零角。这样定义的角,由于是旋转生成的,所以也常称为转角。

图3.1 角的概念的推广

此节中包含的知识2:角的加减的几何意义(图3.2)。

> 利用转角,可以给出角的加减运算的一个几何意义。例如,对于$60°+90°$来说,如图7-1-4(1)所示,射线OA逆时针方向旋转到OB所形成的角为$60°$,OB逆时针方向旋转到OC所形成的角为$90°$,则OA逆时针方向旋转到OC所形成的角为
> $$60°+90°=150°。$$

图3.2 角的加减的几何意义

此节中包含的知识3:象限角(图3.3)。

> 为了方便起见,通常将角放在平面直角坐标系中来讨论,并约定:角的顶点与坐标原点重合,角的始边落在x轴的正半轴上。这时,角的终边在第几象限,就把这个角称为第几象限角。如果终边在坐标轴上,就认为这个角不属于任何象限。

图3.3 象限角

此节中包含的知识4:终边相同的角的集合(图3.4)。

> 一般地，角 $\alpha + k \cdot 360°(k \in \mathbf{Z})$ 与角 α 的终边相同，这只需把 $k \cdot 360°$ 看成逆时针或顺时针方向旋转若干周即可。任意两个终边相同的角，它们的差一定是 $360°$ 的整数倍。因此，所有与角 α 终边相同的角组成一个集合，这个集合可记为
>
> $$S = \{\beta | \beta = \alpha + k \cdot 360°, k \in \mathbf{Z}\}.$$

图 3.4　终边相同的角的集合

此节中包含的技能：作出任意角以及终边相同的角的集合。

2. 数学知识的背景

数学知识的背景是指数学知识产生的背景，也就是通常所说的数学史，这也是很多数学教材分析研究中所关注的。和传统的数学教材不同(据调查，现在的一些国外数学教材中仍然忽视数学知识产生背景的说明)，目前的数学教材一般来说对于数学知识的社会文化背景是很重视的。有国外学者总结了数学教材中运用数学史的六种方式，它们分别是展示某个数学知识是如何发生发展的、发展一种多元文化的方法、解释在社会中数学的角色、对数学认识的改变以及提供探究的机会等。国内学者的相关研究也有不少，例如，有学者通过对我国不同版本的小学数学教材中的数学史内容进行研究，认为有两种数学史的呈现模式：由习题内容引入数学史和阅读材料式数学史；有学者对北师大版初中数学教材中的数学史内容进行了统计，得出了该版本初中数学教材中数学史材料的分布和呈现等情况。

当然，这些都是从整体上进行的研究。就一节课的数学教材内容来说，未必一定会涉及数学史的内容。对于那些涉及数学史的教学内容则应该在分析中加以关注，将这些内容融入数学教学中，而不是如某些数学教师那样，直接将这些内容舍去。数学史在教材中涉及的方式是不同的，有的是在引入部分涉及数学史，如数学家是如何发现某个数学概念或猜想的；有的是在例题中引入数学史，如历史上的数学家是如何运用某种数学思想方法来解决这样的问题的；有的则是在习题部分引入数学史，如给出了古代数学书籍中的数学问题；等等。对于第一种情况，教师可以将数学史的知识作为课题的引入，这可以极大地引起学生对于新知识学习的兴趣；对于第二种情况，教师可以在例题的教学中通过这样的题目强调数学思想方法，使学生明确数学思想方法在数学发展中的重要性；对于第三种情况，教师可以让学生在解这些古代数学问题的同时欣赏这些题目，既培养了学生应用数学知识解决实际问题的能力，也培养了学生的数学学习兴趣。值得注意的是，教师应该充分地认识到数学史知识对于学生学习数学的意义，即不但在认知上有助于他们的数学学习，在情感上同样有助于他们的数学学习。此外，教师应该明白有关数学史的内容不应被生硬地加入到数学教学中，而应是数学教学内容的有机组成部分，即融入数学教学内容中。数学教学中的所有行为都是为了实现教学目标，既然数学史的融入可以更好地实现教学目标，那我们有什么理由不这样做呢？

下面将给出两个数学史运用的例子。第一个例子是人教版《数学》七年级下册 7.1.2 节"平面直角坐标系"中介绍了笛卡儿(图 3.5)最早引入坐标系并用代数方法研究几何图形。第二个例子是人教版高一《数学》必修第四册(B版)第 10.1.1 节"复数的概念"中简要地介绍

了复数的产生(图3.6)。

图3.5 笛卡儿

人们早在16世纪就发现,可以通过公式

$$x=\sqrt[3]{\frac{q}{2}+\sqrt{\left(\frac{q}{2}\right)^2-\left(\frac{p}{3}\right)^3}}+\sqrt[3]{\frac{q}{2}-\sqrt{\left(\frac{q}{2}\right)^2-\left(\frac{p}{3}\right)^3}}$$

来求方程 $x^3=px+q$(p,q均为正实数)的正根。例如,方程 $x^3=9x+28$ 的正根为

$$x=\sqrt[3]{14+\sqrt{14^2-3^3}}+\sqrt[3]{14-\sqrt{14^2-3^3}}=4。$$

如果方程是 $x^3=15x+4$,则由公式可得

$$x=\sqrt[3]{2+11\sqrt{-1}}+\sqrt[3]{2-11\sqrt{-1}},$$

当时人们已经知道 $x=4$ 是 $x^3=15x+4$ 的唯一正根,因此

$$\sqrt[3]{2+11\sqrt{-1}}+\sqrt[3]{2-11\sqrt{-1}}=4$$

应该成立。

但是,$\sqrt{-1}$ 表示的应该是平方为 -1 的数,实数范围内这样的数是不存在的,这该如何解释呢?后来,人们发现,如果规定 $(\sqrt{-1})^2=-1$,并将 $\sqrt{-1}$ 按照类似实数的运算法则进行形式计算,则可以给上述结论一个圆满的解释:

因为

$$(2+\sqrt{-1})^3=2^3+3\times2^2\times\sqrt{-1}+3\times2\times(\sqrt{-1})^2+(\sqrt{-1})^3$$
$$=8+12\sqrt{-1}-6-\sqrt{-1}=2+11\sqrt{-1},$$

所以可以认为 $\sqrt[3]{2+11\sqrt{-1}}=2+\sqrt{-1}$。

类似地,可以认为 $\sqrt[3]{2-11\sqrt{-1}}=2-\sqrt{-1}$。

从而形式上就有

$$\sqrt[3]{2+11\sqrt{-1}}+\sqrt[3]{2-11\sqrt{-1}}=2+\sqrt{-1}+2-\sqrt{-1}=4。$$

这里的 $\sqrt{-1}$ 历史上被认为是一个"虚幻"的数,它与下面我们要介绍的虚数有关。

一般地,为了使得方程 $x^2=-1$ 有解,人们规定 i 的平方等于 -1,即

$$i^2=-1,$$

并称 i 为虚数单位。

图3.6 复数的产生

3. 数学活动

数学活动是在教材中给出的为了获得和更好地理解及应用数学知识而进行的在教师指导下的学生活动,如动手操作、观察和思考等。在大多数数学教材研究中,数学活动都是研究者们关注的维度之一。例如,在TIMSS教材分析中,教材提供的数学活动是分析教材的第一个维度。而由佩平(Pepin)和哈格蒂(Haggarty)提出的数学教材分析的四个维度中,第

二个就是"教材建议的帮助学生理解教材内容的方法",这实际上就是数学活动。国内学者在对数学教材分析的研究中,对于其中的数学活动也是特别强调的。例如,有的学者提出教材分析的教学程序化策略实际上主要就是数学活动,还有学者提出了分析数学教材的重要一环是清理教学流程,其关注的也是教材中所提供的教学活动。显然,在教材的一节内容中,数学活动也是其中的重要部分。

在数学教材中,编写者会将一节内容分成几个活动。在每个活动中,会按照逻辑顺序给出学习的程序,并且不同的活动前后也具有逻辑性。这样看来,似乎教材的一节内容本身就相当于一节课的粗略的教案,以至于一些教师直接将教材的内容搬到课堂中进行教学,当然这样做是不应该的。这种强调数学活动的教材在很大程度上解释了为什么不同的数学教材会使教师进行不同方式的课堂教学。我们知道教材编写者中包含一线专家数学教师,他们在编写教材的过程中会不自觉地将自己的教学想法通过数学活动的安排体现在教学内容中。正因如此,数学教材中既包含了数学内容,也包含了数学教学的建议。由于编写教材的专家教师具有高水平的数学教学能力,因此他们的教学建议是值得其他教师借鉴的。教师对于教学活动的分析就是要理解专家教师是如何给出教学建议的。当然,理解专家教师给出的教学建议并不是说要完全按照所给的建议进行数学教学设计和课堂教学,而是要在理解的基础上结合学生的学情创造性地设计出符合学生特点的数学活动。

以下是人教版《数学》七年级下册第6.1节"平方根"中的一个完整的数学活动(图3.7)。

问题 学校要举行美术作品比赛,小鸥想裁出一块面积为 25 dm² 的正方形画布,画上自己的得意之作参加比赛,这块正方形画布的边长应取多少?

你一定会算出边长应取 5 dm。说一说,你是怎样算出来的?

因为 $5^2=25$,所以这个正方形画布的边长应取 5 dm。

填表:

正方形的面积/dm²	1	9	16	36	$\frac{4}{25}$
正方形的边长/dm					

上面的问题,实际上是已知一个正数的平方,求这个正数的问题。

一般地,如果一个正数 x 的平方等于 a,即 $x^2=a$,那么这个正数 x 叫作 a 的算术平方根(arithmetic square root)。a 的算术平方根记为 $\sqrt{a}$,读作"根号 a",a 叫作被开方数(radicand)。

规定:0 的算术平方根是 0。

图3.7 数学活动

4. 数学任务

数学任务是指为了使学生更好地理解和应用所学的知识而安排的数学题,主要包括例题和习题。一般认为学生的数学学习很大程度上正是在完成各种数学任务的过程中实现的,因此数学任务对于学生的数学学习具有特别重要的意义。国内外学者对于教材中数学任务的研究都是非常重视的,这方面的成果也相当丰富。例如,有学者提出,大多数数学教材中对于数学任务的安排都符合解释—例题—练习的模式。有学者将数学任务分成常规的和非常规的、开放的和封闭的以及应用的和非应用的。还有学者根据数学任务对于学生的认知要求将之由低到高分成记忆的、无联系程序性的、有联系程序性的等。

以上这些研究虽然都着眼于整体,但对于一节数学课中数学任务的分析是具有借鉴意义的。我们就以数学习题来谈一谈。数学习题对于学生的数学学习具有重要的作用,这一点我们在后面的章节中会进行更详细的论述。作为一节课后的数学习题,其作用主要是促进学生对本节知识的理解以及运用本节知识解决数学和现实中的问题。教师在对数学习题的分析中应该将其进行分类,即哪些题是简单题,哪些题是难度较大的题;哪些题是非应用题,哪些题是应用题;这些题分别能够有助于什么样的教学目标的实现,也就是说,教师应该对每一道数学习题进行认真的分析,明确教材编写者安排这样的题目有什么用处。

以下是图3.7所示数学活动后的一部分数学任务(图3.8)。

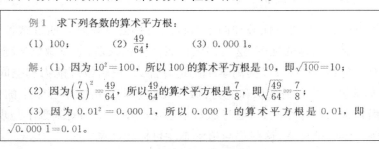

图3.8　一部分数学任务

3.2.2　明确教材内容的目标功能

理解教材内容对于教师的教材分析来说只是浅层次的。在清楚理解教材结构每一部分内容的基础上,教师需要思考各部分的目标功能。

数学课程的总体目标包括知识技能、数学思考、问题解决和情感态度,这些数学课程所设立的目标是通过数学教材而具体化的,换句话说,正是通过数学教材中一节一节的内容,或者更准确地说,通过一节一节内容中的具体材料,而将课程目标体现出来。教师一定要意识到这一点,即教材中的任何内容、任何材料都不是编写者随意写的,而是他们深思熟虑的结果,任何内容、任何材料都是有其明确的目的的。大到一章的内容小到一个旁白都是为实现课程目标而服务的。因此,教材分析就是要明确教材中内容的各部分是如何与教学目标相联系的,这是教材分析最重要的方面。显然,教师对于教材分析水平的高低可以用其发掘教材编写者赋予教材各部分目标的程度来衡量。不同的教师通过教材分析得到的结果是不同的,这里的不同实际上就是教材内容与课程目标联系的程度不同。

1. 数学知识与教学目标

由于知识技能目标主要是学生掌握一节内容中的知识和技能,因此,教材中的数学知识与知识技能目标是相联系的。

2. 数学知识背景与教学目标

一般来说,数学知识背景与情感态度目标有直接的联系,如使学生对所学的知识更感兴趣以及对数学的本质有深刻的认识。但适当选择的知识背景也会与其他三个目标相联系,如解古代数学题有助于培养学生应用数学的意识,而这与过程和方法目标是相互联系的。

3. 数学活动与教学目标

一般来说,数学活动与四个教学目标都会有联系,即通过数学活动学生掌握了数学知识,在数学活动中学生进行了数学思维,数学活动也锻炼了学生解决问题的能力,并且在活动过程中,学生的情感态度也进一步得以形成。

4. 数学任务与教学目标

一般来说,教材中的数学任务和四个目标之间都会有联系。通过做各种数学题可以使学生对知识和技能有更好的理解,这与知识技能目标相联系;通过做数学题可以使学生对数学思想方法有更好的掌握,可以提高学生的运算能力、逻辑推理能力和空间能力;做应用性数学题可以提高学生的应用意识和能力;做开放性数学题可以培养学生的创新意识;等等。这些都与过程和方法目标相联系,通过做数学题可以使学生感受到数学与现实的关系,可以培养学生坚持不懈的精神等,这些都与情感态度目标相联系。

下一节我们将以一个具体案例来说明教材分析,这样会使我们对教材分析有更为感性的认识。

3.3 中学数学教材分析的案例

"勾股定理"是一节较为典型的初中数学教学内容,以下内容是人教版《数学》八年级下册17.1节"勾股定理"(图3.9～图3.16)。

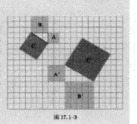

图 3.9　勾股定理 1　　　　　　　　　图 3.10　勾股定理 2

图 3.11　勾股定理 3　　　　　　　　　图 3.12　勾股定理 4

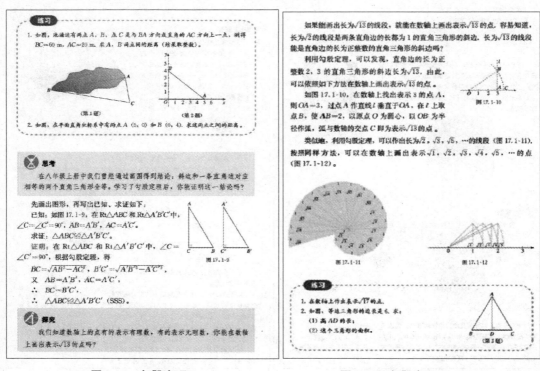

图3.13 勾股定理5　　　　　　　　　图3.14 勾股定理6

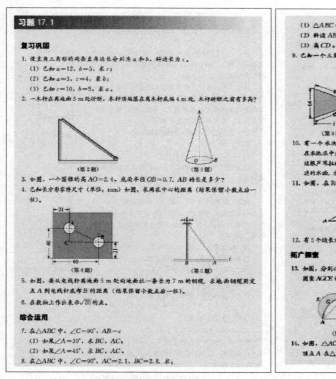

图3.15 勾股定理7　　　　　　　　　图3.16 勾股定理8

以下是根据图3.9~图3.16的知识对此节内容进行的分析。

3.3.1 理解教材内容

1. 数学知识

在"勾股定理"这节中,教师要明确本节的数学知识就是勾股定理,还应该认识到该知识在整个中学数学知识体系中扮演着非常重要的角色,实际上,它是三角函数、解析几何及微积分的基础。此外,它也具有重要的应用价值。

2. 数学知识的背景

在此节中出现了三个有关数学史的内容,这种情况是很罕见的。这三个内容分别是毕达哥拉斯到朋友家做客时发现地砖图案、赵爽注解《周髀算经》中给出的"赵爽弦图"并用之进行勾股定理的证明以及来自于我国古代数学名著《九章算术》中的一个问题(节后习题第10题),它们分别可以视为勾股定理发现的背景、证明的背景和应用的背景,其作用分别是引入课题、给出证明方法及说明勾股定理在现实中的应用价值。

3. 数学活动

在此节中,数学活动包括对地砖图案的观察、思考三个正方形之间的关系并进而思考等腰直角三角形三边之间的关系和对一般直角三角形三边之间关系的探究等。这些活动的实施,很大程度上确定了学生在课堂中的思维活动和动手操作,勾画出大致的数学课堂的教学方法。

4. 数学任务

此节中包括2道例题、6道练习题和14道节后习题,这些任务既有常规的也有非常规的,既有应用的也有非应用的。

3.3.2 明确教材内容的目标功能

1. 数学知识与教学目标

此节中的勾股定理知识与学生掌握勾股定理以及用该定理解决简单问题的技能是相联系的。

2. 数学知识背景与教学目标

本节第一个知识背景有助于学生了解数学知识是来源于现实生活中的,且数学知识的产生需要数学家的好奇心。而第二个知识背景不仅有助于培养学生的爱国主义精神,感受我国古人的聪明才智,还有助于学生掌握我国古代数学中极为重要的"出入相补"方法以及用这个方法进行勾股定理的证明。第三个知识背景使学生了解我国古代数学名著《九章算术》,从而培养学生的爱国主义精神,同时也能使学生感受到数学知识的应用价值。另外,以上三个知识背景也有助于学生深刻地理解此节的知识,即勾股定理。可见,此节中的三个数学知识背景不但有助于学生形成情感态度目标,也有助于他们数学思考、问题解决和知识技能目标的实现。

3. 数学活动与教学目标

本节的第一个活动是观察和思考三个正方形面积之间的关系以及等腰直角三角形三边之间的关系。该活动需要学生的观察能力和运算能力,观察能力属于一般能力,也是数学学习所必需的,运算能力属于基本的数学能力。通过这个活动,学生得到了这样的猜想,即等腰直角三角形两直角边的平方和等于斜边的平方。第二个活动是在第一个活动的基础上,让学生观察一般直角三角形的两直角边上的正方形和斜边上正方形面积之间的关系,进而得出一般直角三角形两直角边和斜边的可能关系。这个活动同样也需要学生的观察能力和运算能力,另外还需要学生从特殊到一般的思维活动。通过这个活动学生得到了猜想,它实际上对于学生深刻理解勾股定理是很有意义的。第三个活动是一个要求学生思考并解决的问题,即以前通过画图得到的一个结论"斜边和一条直角边对应相等的两个直角三角形全等"为什么是成立的。这个活动除了能够让学生运用勾股定理进行证明,从而培养学生的逻辑推理能力外,还可以让学生进一步认识到画图并不能作为数学命题成立的依据,要确定一个命题是否为真只有通过逻辑演绎证明才可以,这也是数学与其他领域不同的主要区别所在。第四个活动是探究如何在数轴上画出表示 $\sqrt{13}$ 的点,在该活动中,学生需要发散思维,需要具有数形结合的思想,需要动手操作,需要具有解决问题的能力。可见,此节中的数学活动对于四个教学目标的实现都是有益的。

4. 数学任务与教学目标

在此节中,第一个数学任务是两道练习题,这两道练习题的目的是让学生熟悉勾股定理以及用勾股定理解决简单的问题,即运用勾股定理的运算技能。第二个数学任务是两道例题,这两道例题都是运用勾股定理解决实际问题,其目的包括让学生进一步理解勾股定理和相应的运算技能,让学生意识到勾股定理在解决现实问题上的价值,培养学生运用数学知识解决现实问题的能力。第三个数学任务是两道练习题。第一道是在现实中运用勾股定理解决问题,第二道是在数学中运用勾股定理解决问题。通过该活动,不但可以使学生进一步理解勾股定理,也可以让学生认识到勾股定理在解决现实和数学问题中的作用。第四个数学任务是两道练习题。第一道练习题是让学生进一步熟悉刚刚进行过的探究活动,其作用是培养学生数形结合的思想以及动手操作能力,并不具有探究的作用,从难度上说要比探究活动简单得多。第二道练习题是运用第三个活动的结论,即通过"斜边和一条直角边对应相等的两个直角三角形全等",得到 BD 和 DC 相等,再利用勾股定理得到 AD 的长和三角形的面积。这个题目的意图是让学生进一步熟悉勾股定理。第五个数学任务是本节后面的习题。该习题集包括三个部分,分别是复习巩固、综合运用和拓广探索,这三个部分的作用是不同的。第一个部分复习巩固包含6道题目,前面5道题基本上是直接运用勾股定理进行运算,让学生进一步熟悉勾股定理及其相应的计算,第6题是让学生进一步熟悉第四个探究活动,本质上也是间接地运用勾股定理并进行相应的运算,因此,这一部分的题目是与知识技能目标相关联的。第二部分综合运用包括6道题目,这些题目的解答需要学生将勾股定理与其他知识综合运用。具体来说,第1题需要学生能够将勾股定理与特殊直角三角形(30°和45°角)的性质相结合;第2题需要将勾股定理与等腰三角形的性质相结合;第3题在运用勾股定理时需要学生有一定的空间想象能力和数形结合的思想;第4题和第1题类似,运用勾股定理与特殊三角形的性质相结合;第5题难度较大,它不但涉及勾股定理,而且需要学生有一定的推理能力和空间想象能力,并且还有动手操作的能力;第6题则是培养学生的空间想象能力。总之,这一部分的题目从知识的角度来看达到了运用的层次,同时也有助于培养学生的数学能力,让学生熟悉数学思想方法。第三部分拓广探索包括两道题目。第1题的难度并不大,学生只要能运用三角形和圆的面积公式通过仔细的计算就可以得到结果,这一题的目的在于拓展,即它可以看成是教材第一个活动当正方形变成半圆时的情况,由此可以让学生体会到数学内部的某种统一性,感受到数学的美妙。第2题的难度本来是较大的,因为题目的后面给出了一个提示从而使其难度有所降低,即便如此,要完成本题的证明也并不容易,它是本节所有习题中难度最大的。完成这一题的证明,学生需要运用多个知识,如勾股定理、等腰三角形的性质以及全等三角形的性质和判断,同时也需要学生有很好的逻辑推理能力。

  以上是我们通过"勾股定理"这一节内容所进行的分析,向大家介绍了该如何对一节数学内容进行分析。有了这样的分析,就可以为接下来的数学教学设计打下很好的基础。通过以上两节内容,我们实际上还可以看出,要进行高水平的数学教材分析,并不是一件简单的事情,它对于数学教师有较高的要求:第一,教师应该理解课程目标。因为课程目标来自于课程标准,因此教师应该研究课程标准。第二,教师应该具有很好的教学内容知识。他不但应该掌握本节的知识技能,还应该熟悉整个中小学数学内容的安排,只有这样才能明白本节内容在整个知识体系中的地位。此外,他还应该对中小学数学中的数学思想和方法有很深刻的掌握。第三,教师应该具有很好的一般教学知识和数学教学知识,特别是数学教学知识,这对于教师理解教材中的活动有直接的作用。此外,教师应该要有数学教育的相关理论知识,如数学史在数学教学中的作用、数学美与数学教学、数学文化以及数学思维与数学学习,这些对于教师理解数学教材都是不可缺少的。因此,数学教师应掌握的教材分析的知识并非一种单纯的、特殊的知识,而是多种知识的综合。

  最后还有一点需要说明。本章中我们强调教师分析数学教材就是要深刻领会教材编写者的编写意图。实际上,虽然教材总体上均有非常高的质量,但不同版本的教材还是可能存在着这样或那样的不足。对于并不完美的教材,教师在分析教材时即使已经深刻地理解了教材,也有可能不能很好地进行教学设计。在这种情况下,如果在分析教材时教师能够同时参考不同版本的教材,取长补短,那么可能更有利于教师的教学设计。

习题

1. 在数学教学设计时为什么要进行教材分析？
2. 请自选一节中学数学教学内容进行教材分析。

课外阅读材料

[1] 丁亥福赛,樊正恩. 中学数学教材分析[M]. 兰州:甘肃人民出版社,2017.
[2] 徐汉文. 中学数学课程标准与数学分析[M]. 北京:科学出版社,2018.

第4章 数学概念的教学设计

中学数学知识主要包括两类,即概念和命题,这是最基本的教学内容。而就概念和命题来说,概念更为基础,有了概念才有命题。无论是在数学科学还是在学校教学中都是如此。概念的基础性决定了其重要性,如果学生不能够很好地理解概念,那在很大程度上意味着他在数学学习上可能会不成功。因此,教师应该对概念教学设计及教学给予充分的重视。

本章将在对数学概念进行简要介绍的基础上,主要介绍数学教学设计的两种基本方式,即概念的形成和概念的同化。通过本章的学习,读者不但应该掌握概念教学设计的两种基本方法,也应该能够运用这两种基本方法进行实际的概念教学设计。

4.1 数学概念及其设计的基本思想

概念是反映事物本质的思维形式。人们在感性认识的基础上,从同类事物的多种属性中,概括出其共有的属性,形成用词或短语表达的概念。将概念的含义用在数学中即可得到我们的数学概念。

什么是数学概念?所谓数学概念就是数学对象的本质属性(所谓数学对象这里是指数学所研究的对象,如数字、公式、函数和图形等)。这里特别强调以上定义中的一个词"本质",也就是说,数学概念是指数学对象最根本的部分。例如,三角形的本质属性就是三条线段首尾顺次连接所组成的图形,方程的本质属性就是含有未知数的等式。虽然有各种各样的三角形,但是不管这些三角形的大小和形状如何,它们都是由三条线段首尾顺次连接而成的图形。有各种各样的方程,这些方程可能是一元的、二元的或多元的,也可能是分式或无理式,但不管怎样它们都是含有未知数的等式。可见,数学概念就是告诉我们某个数学对象究竟是什么。如果连这个对象究竟是什么都没有搞清,那么其他的就无从谈起。

在中学数学教学中,一般来说,概念是以定义的方式给出的,也就是说我们要用揭示其本质属性的方式给数学概念下定义,这种方式称为定义的内涵方式。很显然,定义的内涵方式是最为合理的概念定义方法,因为它揭示了概念的内涵,即本质属性。但在某些特殊情况下,会用另外一种方式来给出一个概念,这就是外延的方式。所谓概念的外延是指概念所包含的所有对象的集合。三角形概念的外延是所有各种各样三角形的集合,方程概念的外延是所有方程的集合。所谓概念外延定义的方法就是将该概念的所有对象列举出来。例如,实数可以这样定义:有理数和无理数统称实数。这个定义中,有理数和无理数确实构成了实数,但是这个定义本身并不能使人直接看到实数的本质是什么,因而,采用概念外延的定义方法并不能揭示出概念的本质内涵,因此,在数学教学中应尽量不使用这种方法,除非是一些特殊情况,如学生目前无法理解概念的本质。由此不难理解,在小学阶段,这种外延定义的方式比较合适,因为小学生对于概念的本质往往难以理解。

实际上,一个概念的内涵和外延是有关系的,即如果概念的内涵增加,那么外延就会减少,反之,如果一个概念的内涵减少,那么外延就会相应地增加。可以这样理解,一个概念的内涵如果增加了,即本质的东西多了,那么适合这些本质的对象就会减少。反过来。如果一个概念的内涵变少了,即本质的东西减少了,那么就会有更多的对象适合该概念。以三角形的概念为例,三角形概念的内涵是三条线段首尾顺次连接所组成的图形,如果在其内涵上增加其中有两条线段是相等的,那么外延就由所有的三角形减少为等腰三角形。反过来,如果将等腰三角形的内涵,即三条线段首位顺次连接且其中两条线段相等变成三条线段首位顺次连接,那么等腰三角形就变成了三角形,即外延扩大。

既然概念的学习对于学生来说很重要,那么概念的教学设计对于教师来说就应该给予充分的重视。学生学习数学概念其实就是要理解概念,那么教师对于概念的教学设计无非就是要通过教学活动的安排使学生更好地理解概念。我们在日常生活中要学习大量的新知识,那么我们是如何学习那些日常生活中的新知识的呢?主要的方法不外乎两种:一是我们自己去探索;二是其他人告诉我们。例如,我们买了一个新的、以前从没有接触过的物品。我们既可以通过自己的探究找到使用这种物品的方法,也可以问其他知道这种物品使用方法的人如何去使用,或者看使用说明书学会使用的方法。当然,大多数情况下我们使用的是第二种方法。而数学概念的学习或教学设计,和日常生活中学习新知识的道理其实是一样的。

在数学学习中,学生学习一个数学概念有两个基本方法,即自己想方设法提出这个概念和其他人告诉自己这个概念,与第一个方法相对应的概念学习方法称为概念形成的学习方法,而与第二个方法相对应的概念学习方法则称为概念同化的学习方法。这两种概念学习方法对应日常生活中对于新概念的学习习惯,因而是极为自然的,不过它们有更深刻的认知心理学基础。对于概念形成来说,学生在其原有的数学认知结构中提出一个新的概念,并将该概念与其认知结构中已有的概念相联系从而形成一个子结构。对于概念同化来说,学生将在已有若干概念的基础上对新的概念进行联结,也形成一个子结构。无论是哪种情况,学生的认知结构都得到了发展,换言之,学生在数学上都得到了发展。对于教师来说,与第一种学习方法相对应的教学设计称为概念形成的教学设计,而与第二种学习方法相对应的教学设计称为概念同化的教学设计。接下来,我们将详细地介绍这两种教学设计。

4.2 概念形成的教学设计

所谓概念形成的教学设计是指教师设置一定的情境,在此基础上,学生提出新概念并理解新概念的教学设计。该教学设计的核心是学生提出新概念。就具体的教学设计来说,概念形成的教学过程的核心部分的设计应分成如下几个步骤(之所以说是核心部分,是因为在概念形成的教学过程中当然也会有旧知识的复习和小结作业)。

第一个步骤:教师给出一定数量且有代表性的例子(典型事例)。这些例子的作用是让学生从中找出其共同点,并对之进行一般化从而得到新概念。因此,教师所给出的例子必须具有一定数量且有代表性或典型性,这是学生进行归纳并抽象得到新概念的必要条件。所给例子的共同点应该和新概念的本质属性相对应。我们可以看一个例子,如果在进行等差数列概念的概念形成教学中,教师给出了如下几个例子(图4.1),那么会有什么样的结果?

$$1,2,3,4,5,\cdots$$
$$1,4,7,10,13,\cdots$$
$$3,11,19,27,35,\cdots$$
$$2,7,12,17,22,\cdots$$
$$10,20,30,40,50,\cdots$$

图4.1　教师给出的例子

这几个例子本身当然是等差数列。但是,教师给学生出示这几个例子,希望学生从中得到等差数列的概念却是不可以的,原因就在于这些例子不具有代表性。当学生观察这些例子并找出这些例子的共同点时,会得到它们的共同点:第一,从第二项起,后项减去前项得到的是一个常数;第二,所有的数列中的项都是自然数;第三,所有的数列都是后项大于前项,即递增数列。也就是说,如果教师给了学生如上几个例子,那么他们得到的就是具有以上三个本质特点的新概念,而我们希望学生得到的新概念,即等差数列只需要上面的第一个本质属性,后面的两个属性并不是等差数列的本质特征。之所以会得到除第一个本质属性外的另外两个属性,正是因为所给出的例子不具有代表性(这种现象在实际的数学教学中也是经常出现的,造成这种情况的原因就是教师自身对于概念形成的原理不清楚)。如果教师在所给的例子中有一个含有非自然数的项($-2.3,-1.3,-0.3,0.7,1.7,2.7,\cdots$),那么上面的第二个属性就不存在了,这样所给出的具体例子就比较合适了(图4.2)。

$$-2.3,-1.3,-0.3,0.7,1.7,2.7,\cdots$$
$$1,4,7,10,13,\cdots$$
$$3,11,19,27,35,\cdots$$
$$2,7,12,17,22,\cdots$$
$$1.3,-0.7,-2.7,-4.7,\cdots$$

图4.2　合适的例子

如果给出的例子中有一个数列的各项是从大到小排列的($1.3,-0.7,-2.7,-4.7,\cdots$),那么第三个属性也就不存在了。有一点是很显然的,那就是教师在所设计的例子中不应该出现反例,即非等差数列的例子($1.3,0.7,-2.7,-3.7,\cdots$),如果有反例在其中,即使学生能够从中找出这些例子的共同属性,但该共同属性一定不是所要学习新概念的本质属性,换句话说,学生就不可能从中得到新概念了。

第二个步骤:学生找出这些例子的共同点(找出共同点)。通常情况下教师所给出的那些具体的例子所具有的共同点并非是显而易见的,因此,学生要找出它们并不是容易的事情,在找的过程中一定需要学生积极的思维活动。首先,学生要对每个例子进行分析,找出其特点。在这个过程中,学生可能需要对每个例子进行观察,还有可能要进行运算(如上面等差数列的例子)和推理等,尽可能地找出这些例子所具有的属性。在上面等差数列的例子中,学生要找出每个数列中包含"从第二项起,每一项减去前一项的差都是常数"的各种属性。其次,他们需要对每个例子所具有的特点进行比较,比较的结果是得到这些例子共有的特点。在上面等差数列的例子中,各个具体的例子所具有属性集合的交集正是"从第二项起,每一项减去前一项的差都是常数"这个唯一的属性。找出共同点是不容易的,因为学生在这之前根本不知道有等差数列这个概念。而有的教师之所以会认为它并不困难,是因为教师已经非常熟悉这个对于学生来说全新的概念,会想当然地认为学生会自然地注意到后项与前项的差。

第三个步骤:学生给出新概念的定义(得到新概念)。当学生找到所给例子的共同点后,还需要进一步抽象,因为这些共同点是针对几个具体的例子的,而定义是具有一般性的。例如,当学生得到了几个等差数列的共同点,即这几个数列都具有从第二项起后项减前项等于常数的特点,将这个特点一般化后就成为"任何从第二项起后项减前项等于常数的数列",这样学生就得到了新概念的定义。显然,这里涉及从具体到一般的思维提升。学生尝试着用数学语言对新概念进行定义也是一件不容易的事情,这就涉及对数学概念的语言表征,它属于学生数学素养的一部分。当然,如果学生在定义时有困难,那么教师可以给予帮助,最终的结果仍然是学生得到了新概念的定义。当然,除了对新概念进行语言表征外,教师还可能引导学生用其他方式,如符号和图形等对新概念进行表征。

第四个步骤:理解新概念。在学生得到新概念的定义后,他们还需要进一步对新概念加以理解。理解的基本方式有两种。一种是教师给一些正反例让学生辨析,即教师所给的例子里既有属于新概念的,也有不属于新概念的。学生运用刚刚所得到的新概念的定义来进行判断,哪些是符合定义的,哪些是不符合定义的。正例可以让学生从正面来理解新概念(符合条件的属于新概念),而反例则是让学生从反面来理解新概念(不符合条件的则不属于新概念)。辨析的方法对于帮助学生理解新概念是非常有效的,在实际的教学中可以看到许多教师采用这种方法帮助学生理解新概念。另一种帮助学生理解新概念的方式是编制数学题,这样的数学题要求运用新概念的定义来解决,这也是一种很好的方法,所谓运用是最好的理解方法是有一定道理的。设计反例也是一个需要注意的地方,从原则上说,反例应该是不符合新概念中的一条或数条内涵的数学对象,而不应该是与新概念内涵毫无关系的。

在以上几个步骤的设计中,要注意教师和学生在其中所扮演的角色。学生的角色是从教师所给的例子中找出共同点,并进行抽象,接着用数学语言给出新概念的定义,最后通过完成教师所给的任务,即数学题,从而进一步地理解新概念。而教师的角色是给出一些合适的例子供学生得到新概念,给出一些数学题让学生通过解答更好地理解新概念,并且在整个教学过程中为学生的学习提供帮助。

前文已经说明以上这几个步骤是概念形成教学设计的核心步骤,只有这几步并不能构成完整的概念形成的教学过程的教学设计,还差四个步骤,即第一步复习旧知、第二步课题引入、第七步总结反思和最后一步布置作业,这样就构成了完整的概念形成的教学环节(见

图4.3)。

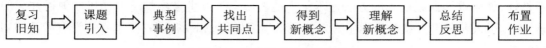

图4.3 概念形成的教学环节

复习旧知、课题引入、总结反思和布置作业是所有数学课都有的四个步骤,虽然它们不是核心步骤,但其重要性也是不可忽视的。以下就对这四个步骤进行分析说明,在后面的教学设计中就不再特别讨论这四个步骤了。

1. 复习旧知

复习旧知一般来说是一节课的第一个步骤。几乎所有的数学知识都是在其他知识的基础上形成的,学生理解新知识在很大程度上是用已有的知识来理解新的知识。从认知心理学的角度来看,新知识的学习就是学生将新知识与其认知结构中已有的知识之间建立联系,从而建立一个新的认知结构。也就是说,如果学生对与新知识相关的旧知识没有很好地掌握,那么,新知识的学习肯定会出现问题。复习旧知这个步骤正是为了确保学生的认知结构中有与新知识相关的旧知识并且激活这些旧的知识,至于采用什么样的方式进行旧知复习并不重要。对于旧知复习的一种误解是,复习旧知就是复习上一节课的内容。从以上分析可以看出,这种观点是不够准确的,与新知识相关的旧知识并不一定是上一节课所学的知识,相关的旧知识也许是上一章或者上一学年所学的某个知识。当然,如果教师能非常肯定学生对于相关的旧知识有很好的掌握(如在一个非常优秀的班级里),那么复习旧知这个环节也可以不要。但在一般的情况下,该环节还是需要的。

2. 课题引入

课题引入是指教师设置一个教学情境,通过该情境从而导出本节课的学习课题。情境的表现形式各异,一个情境可以是一个现实情境也可以是一个数学情境,情境可以是教师的一段话,也可以是一幅图画或一段视频,甚至是一段学生或师生活动。引入课题环节中的情境设置具有极为重要的作用,它基本的作用是使学生产生学习新知识的动机。例如,通过毕达哥拉斯到朋友家做客的故事引出勾股定理,通过学生不能用有理数来表示边长为1的正方形对角线的长引出无理数。在这些情境设置中有一种是许多教师喜爱的,那就是让学生完成一个无法完成的任务来引出课题,通常将这种方式称为认知冲突法。简单地说,认知冲突法就是让学生完成一个数学任务,而实际上这个数学任务凭学生当前所掌握的数学知识是不可能完成的,而是需要在学习新的知识之后才能解决该问题,也就是数学任务与当前学生的知识水平之间产生了冲突。有人也许会认为没有课题引入的环节也一样可以进行数学新知识的学习,这话当然也不是毫无道理。但是,课题引入实际上起到这样的作用,即学生对即将要进行的学习活动充满兴趣和渴望,学生会在这种积极的心理状态下投入学习,这样的学习效果自然是比没有学习动机的要好很多,心理学的相关研究实际上也证明了这一点。由于学习动机对于学生的数学学习来说是至关重要的,因此,课题引入绝不是可有可无的,而是值得教师在教学设计时认真研究的。教师在课题引入设计中应该问自己这样的问题:

如何设计一个合适的情境使学生具有更为强烈的学习动机？而评价一个教师的课题引入是不是好，就要看该课题引入的方法是不是更能够使学生产生强烈的学习动机。值得注意的是，课题引入实际上只是在为学生真正的课堂学习做情感上的准备，其本身并没有涉及新知识的学习。

3. 总结反思

总结反思对于一节课来说也是重要的。但在实际的教学设计或教学中，部分教师对此是比较忽视的，因为在这部分教师的心目中，这个环节是教学任务已经完成后的附加环节。当然，也有教师虽然认识到这个环节的重要性，但在实际的处理中做得不够好。什么是总结反思？即在完成新内容学习后对本节教学过程以及学习内容的总结和反思。它涉及两个内容：一是总结；二是反思。总结是指对教学过程和学习内容进行总结。总结应该围绕着教学目标来进行，如本节课学习了哪些知识技能、感受了什么样的过程、掌握了哪些思想方法以及对于数学本质的进一步认识等。而不少教师在总结时所关注的是本节课所学习的数学知识，即本节课的知识点。反思是对本节课学习过程和学习内容的反思。所谓反思就是对已经进行过的事物的再认识，因而总结反思中的反思就是学生对已经进行的学习过程及其内容的再认识（这里的反思应该是学生的反思，当然教师也应该从自己的角度对一节课的教学进行反思，教师的课堂反思对于其专业发展有极大的作用）。这种再认识会有利于学生自身的数学学习，也会对其他同学的数学学习有所启发，另外，学生所进行的反思也有利于改进教师的教学和教学设计。反思可以是这样一些问题，如我对于新知识的理解还存在什么问题？我为什么不能很好地运用所学习的数学方法？我为什么感受不到老师所说的数学美？等等。学生对于教学过程和学习内容的反思实际上也是教师对于课堂教学反思的重要依据。在实际的课堂教学设计中，教师往往只有总结的设计而没有反思的设计。

4. 布置作业

布置作业是中小学数学课堂教学的最后一个环节。在我国，除了小学低年级不布置书面作业外，其他年级都会有书面作业让学生在课后完成。

可以将学生的课外作业理解为学生在课堂中数学学习的延续，其目的是完成教学目标，只不过是以数学作业这种特别的形式来进行的。

关于布置作业有几点需要强调：第一，布置的作业题不应该是盲目的，即教师随便从教材或习题册中给出几个题目，而是要进行设计，即所谓的作业设计，这就意味着教师在确定作业题时，一定要认真研究数学题，明确某个数学题的解答需要学生什么样的知识技能和思想方法等，认识到将这一题作为作业题能够实现什么样的目的。第二，教师要注意作业题的难度，要根据学生的能力水平来确定作业题的难度，让不同能力的学生做有相应难度的作业题。在实际的教学中，不少教师进行分层布置作业，即将作业题分成不同的难度层次让学生进行选择，这种做法是比较合理的。我们一直强调数学教学中要做到因材施教，这种分层作业的做法也可以理解为因材施教在作业中的实施。第三，作业形式应该多样化。除了传统的计算题和证明题等形式的作业外，还可以设计一些其他形式的作业题，如数学读书笔记和数学实践性问题等。第四,作业的量应该适中。做数学题虽然对于学生的数学学习很重要,但如果作业的量过大,那么就会影响学生的休息和进行其他的活动,毕竟还会有其他学科的作业。题海战术的危害虽然教师都清楚,但是在实际中往往还是有不少教师不注意这个问题。

接下来我们来谈一谈概念形成教学的教学价值。首先,它可以使学生体验数学概念形成的过程。数学概念是数学家在数学实践活动中提出的,不是天生的。通过概念形成的教学过程,学生可以实际体验到数学概念是从具体的数学事实中形成的,是数学家通过复杂的思维活动得到的。它可以使学生部分地感受到数学家对数学概念的创造。这是因为,概念形成的过程与数学家创造数学概念的过程是相似的。其次,通过概念形成的方式进行概念学习会使学生更好地理解概念,现有的相关研究已经证明,学生对于那些通过自己探究所得到的知识会有更深刻的理解。最后,它培养了学生的创新意识和能力。概念形成实际上是一种学生对于新概念的再创造,是在教师的帮助下通过自己的努力得到的新知识,概念形成的过程实际上就是一个学生对数学知识创造的过程。

最后是对于概念形成以及教学的说明。上面所介绍的概念形成的教学设计看上去是很合理的,但实际上它有一个很重要的前提,那就是学生对于新概念是一无所知的。或者说,学生在进行新概念的学习时,他们根本不知道有这样一个数学概念存在。只有在这样的情况下,他们才会努力地通过各种思维活动从教师给出的具体事例中抽象出新的概念。如果学生在学习新概念之前已经对新概念有所知晓,那么新概念的形成过程实际上就无法进行。举个简单的例子来说,如果要通过概念形成的方式来学习新概念"扇形",那么,首先教师会给出各种扇形的图形让学生进行观察。学生通过观察和比较等思维活动发现这些图形有个共同的特点,即顶点在圆心、两个直边是圆的半径,而第三个曲边是圆周的一部分,从而得到扇形概念的定义。但如果学生在这之前已经知道了扇形是什么,那么扇形概念形成的过程,即学生的观察比较以及最后的抽象和用数学语言进行表述就都没有意义了。在实际的数学教学中,学生通常会在课前预习,很多教师会布置所谓的学案让学生课前学习,在这样的情况下,如果要进行概念形成的教学,那只不过是一种形式而已。如果教师希望有效地进行概念形成的教学设计,那就绝对不要让学生在课前进行预习或进行与新概念相关的任何学习活动。这样,我们在传统数学教学中提倡的让学生进行课前预习以及当今数学教学中不少教师让学生在课前进行基于学案的学习可能就需要重新考虑。

4.3 概念形成教学设计的案例

4.3.1 "函数概念"的教学设计

1. 复习回顾,点击课题

师:在初中,我们是如何定义函数的?学习了哪些函数?

生：对于一个变化过程中的两个变量 x 和 y，若对于任意一个值 x，都有唯一值 y 与之对应，则称 y 是 x 的函数，其中 x 叫作自变量。学过了正比例函数、反比例函数、一次函数、二次函数。

【设计意图】通过举例回顾，强调"单值对应"。

2. 探索实例，建构模型

师：今天我们来进一步从其他角度学习函数的概念。（板书课题）

实例1：一枚炮弹发射后，经过 26 s 落到地面击中目标。炮弹的射高为 845 m，且炮弹距离地面的高度 h（单位：m）随时间 t（单位：s）变化的规律是 $h = 130t - 5t^2$。

(1) 求炮弹飞行 1 s、5 s、13 s、30 s 时离地面的高度。

(2) 变量 t 和 h 的取值范围分别是多少？请用集合表示。

(3) 对于数集 A 的任意一个时间 t，按照变化规律，在数集 B 中是否都有唯一确定的高度 h 和它对应？

实例2：图4.4中的曲线显示了南极上空臭氧层空洞的面积从1979～2001年的变化情况。

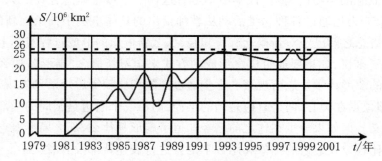

图 4.4　南极臭氧层空洞的面积

(1) 曲线中，哪一年的空洞面积 S 最大？$S = 1.5 \times 10^7 \text{ km}^2$ 的年份有哪些？

(2) t 和 S 的取值范围分别是什么？请用集合表示。

(3) 对于数集 A 中的每一个时刻 t，按照曲线，在数集 B 中是否都有唯一确定的臭氧层空洞面积 S 和它对应？

实例3：表4.1中的数据为恩格尔系数随时间（年）变化的情况，自"八五"计划以来，我国城镇居民的生活质量发生了显著变化。

表 4.1　恩格尔系数随时间（年）变化的情况

时间	1991	1992	1993	1994	1995	1996	1997	1998	1999	2000	2001
恩格尔系数	53.8	52.9	50.1	49.9	49.9	48.6	46.4	44.5	41.9	39.2	37.9

(1) 系数 x 与时间 t 之间的关系是否和前面两例中的变量之间的关系相似？

(2) 请仿照前面两个实例来描述这个关系。

【设计意图】进一步体会函数是两个变量之间的函数模型。

3. 归纳共性,形成概念

师:以上三个实例有什么共同点?

生:在集合 A 中每取一个数,按照一定的对应关系,在集合 B 中都有唯一的一个数与之对应。

师:如果我们把集合 A 中的数记为 x,集合 B 中的数记为 y,对应关系记为 f,那么我们又该如何归纳上述三个例子的共同特征呢?

生:对于数集集合 A 中的每一个 x,按照某种对应关系 f,在数集 B 中都有唯一确定的 y 和它对应。

师:像这样在对应关系 f 作用下集合 A 到集合 B,我们记作 $f:A \rightarrow B$,读作 f,A 到 B。为此我们得到了函数的概念:设集合 A、B 是非空数集,如果按照某种确定的对应关系 f,使对于集合 A 中的任意一个数 x,在集合 B 中都有唯一确定的数 $y=f(x)$ 和它对应,那么称 $f:A \rightarrow B$ 为从集合 A 到集合 B 的一个函数,记作 $y=f(x), x \in A$。其中,x 叫自变量,x 的取值范围 A 叫定义域,与 x 值对应的 y 值叫函数值,函数值的集合 $C=\{f(x)|x \in A\}$ 叫值域。

师:对于函数定义中的 $f(x)$,我们该如何理解呢?可否理解成 f 与 x 的乘积呢?

学生活动(分组讨论,代表回答):$f(x)$ 只是表示函数的符号,是集合 A 中取 x 时,按对应关系 f,得到集合 B 中的值。不能理解成 f 与 x 的乘积。

【设计意图】不同的三个对应关系引导学生利用符号来表示,体会对应关系在刻画函数概念中的作用。

4. 辨析概念,深化巩固

师:$f(x)$ 是否可以换成其他符号呢?

生:因为 $f(x)$ 只是表示函数的符号,f 是表示对应关系的字母,也可用其他字母表示,如用 g 表示对应关系,则 g 就表示在集合 A 中取 x 时,按对应关系 g,得到集合 B 中的值。

生(一名突然举手的学生):老师,对应关系是什么意思?

师:通过前面的实例,我们可以这样理解,把 f 看成一台加工的机器,集合 A 是原料箱,集合 B 是产品箱,集合 A 中每一个原料经过 f 机器加工后,就成为集合 B 中的一件产品。例如,h 与变量 t 满足关系式 $h=130t-5t^2$,t 每取一个值,按照这种对应关系,h 都有唯一对应的值。

实例4:你能说说已学函数的定义域和值域吗?(师生共同完成)

(1) 一次函数 $f(x)=ax+b(a \neq 0)$:定义域为 $\mathbf{R}$,值域为 $\mathbf{R}$。

(2) 反比例函数 $(k \neq 0)$:定义域为 $\{x|x \neq 0\}$,值域为 $\{x|x \neq 0\}$。

(3) 二次函数 $f(x)=ax^2+bx+c(a \neq 0)$:定义域为 $\mathbf{R}$,值域:当 $a>0$ 时,$\left\{y \mid y \geq \dfrac{4ac-b^2}{4a}\right\}$;当 $a<0$ 时,$\left\{y \mid y \leq \dfrac{4ac-b^2}{4a}\right\}$。

注:① 函数的定义域通常由问题的实际背景确定,如我们刚开始所述的三个实例。如果只给出解析式 $f(x)$,而没有指明它的定义域,那么函数的定义域就是指能使这个式子有

意义的自变量的取值集合。② 函数的定义域和值域用集合表示。

实例5:(幻灯片展示)图4.5中哪些表示集合A到集合B的函数？若不是,请说明理由。

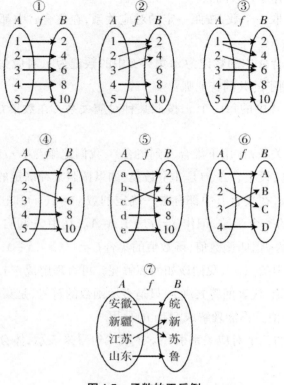

图4.5 函数的正反例

生1:①是函数,②也是函数。

师:②为什么是函数呢？在集合A中没有数与集合B中的6对应呢？

生1(迟疑后回答):因为函数的定义是,如果按照某种确定的对应关系f,使对于集合A中的任意一个数x,在集合B中都有唯一确定的数和它对应。本题满足函数的定义。

师(追问):也就是说集合B中可以有元素剩余了？

生1:是的。

教师借此机会把刚才板书的函数定义中"值域是集合B的子集"进行解释。

师(强调):像①中的对应关系,我们就可以理解为集合A中数的2倍等于集合B中的数;②中也存在着一种对应关系,只是我们找不出具体的对应关系的式子。

生2:③和④都不能表示函数关系;因为③的集合A中的数1在集合B中有2与4两个数与之对应,不满足函数的定义;④的集合A中的数3在集合B中没有数与之对应,不满足函数的定义。

师:很好,所以在刚才给出函数的定义时,自变量的取值集合就是A,我们称作函数的定义域。那⑤、⑥、⑦呢？

生3:都是。

生4:⑤和⑥是,⑦不是。

师：为什么？

生4：因为⑦的两个集合中的元素都是省名和省的简称，故不满足函数的定义。

师：不错，基本说到实质上了。⑤和⑥是吗？判断是否为函数关系，主要看是否满足函数的定义。

生5（在大家议论一会儿后举手回答）：⑤、⑥、⑦都不是，因为函数定义中说集合A、集合B的元素必须是数，而⑤中集合A、⑥中集合B的元素都是字母，⑦中集合的元素也不是数。

师：太棒了！（示意全班同学为其鼓掌）。请同学们再来看一下思考辨析，进一步来巩固函数的概念。

【设计意图】用任意性和唯一性判断，找对应法则，分析定义域、值域。

小结：从集合A到集合B的对应关系可以是一对一、多对一，但不能是一对多。函数概念的核心本质为两个数集A、B之间的一种单值对应关系：从自变量x的集合A到函数值y的集合B的一种对应关系。对于集合A中的任意一个元素，集合B中都有唯一的元素与之对应，即一对一、多对一；而集合B中的元素在集合A中的对应元素可以不唯一，也可以没有，显然集合B包含值域C，原因是：函数的三要素中值域是由定义域和对应关系决定的。

实例6：判断下列等式是否为函数。

(1) $y=1(x\in \mathbf{R})$是函数吗？

(2) $y=\pm\sqrt{x}(x\geqslant 0)$是函数吗？

(3) $y=\sqrt{x-3}+\sqrt{1-x}$是函数吗？

生：(1)是；(2)不是，因为当$x=1$时，y有两个值；(3)是。

师：若(3)是，请大家求出它的定义域（板书提示：由$x-3\geqslant 0$且$1-x\geqslant 0$来求x的取值集合）。

生：空集。

师（追问）：这样还是函数吗？

生：不是，因为函数的定义中说集合A、B是两个非空数集。

师：这个问题大家终于看出来了。通过以上例子，大家讨论一下，我们从中总结函数的定义具有哪些特点？

学生回答不同的情况以后，师生共同总结，函数的定义有以下特点：① 集合A、B必须是非空数集（若是空集就没有研究意义）；② 集合A中不能有元素剩余，集合B中可以有元素剩余；③ 按对应关系只能一对一或多对一，但不能一对多；④ 集合A是函数的定义域，集合B包含函数的值域（或称函数的值域是集合B的子集）；⑤ $f(x)$表示每一个自变量x，按照对应关系f，都对应确定一个函数值$f(x)$，而不是f与x的乘积。

师：函数的概念主要由哪几个部分构成？

生：定义域、对应关系和值域。

师：很好。我们把定义域、对应关系和值域称为函数的三要素。

实例7：已知函数$f(x)=\sqrt{x+3}+\dfrac{1}{x+2}$。

(1) 求函数的定义域。

(2) 求 $f(-3), f(\frac{2}{3}), f(f(-3))$ 的值。

(3) 当 $a>0$ 时,求 $f(a), f(a-1)$ 的值。

(学生回答,教师点评,具体解答略)

5. 课堂小结,知识提炼

今天我们收获了什么?(学生回答,教师点评)

你对"函数是描述变量之间的依赖关系的数学模型"这句话有什么体会?(学生回答,教师点评)

对比初中和高中的函数概念,你有什么发现?(学生回答,教师点评)

【设计意图】反馈学生的当堂表现,了解学生的知识掌握情况。

4.3.2 对"函数概念"的教学设计的分析

第一,该教学设计的结构不完整。首先,它缺少教学目标、教学重难点、教学方法和教学准备。这些部分的教学设计对于一节高质量的数学课来说是必不可少的。先说教学目标的设计,如果在一节课的设计中没有教学目标的设计,那么所有的设计都将是盲目的,因为几乎所有的其他设计都是基于教学目标而进行的,而对这一节课的评价也基于教学目标。教学重难点对于一节课的教学也是极为重要的,一节好课必须解决重点、突破难点,如果设计时没有明确教学的重点和难点,那么教学中如何做到解决重点、突破难点?教学方法和教学准备设计的重要性也是很明显的。其次,没有板书设计。从教学过程中可以看到,这一节课的内容是比较多的,而且教学过程中也没有显示出教师使用了课件,也就是说,在这一节课中大量的板书是必要的,在这种情况下,板书的设计显然是非常重要的。如果没有板书设计,那么教学过程中教师的板书可能就具有很大的随意性。当然,对于有经验的教师来说,这些缺少的部分可能都在他们的头脑中,尽管如此,进行完整的教学设计仍然具有很大的好处。而对于新教师来说,这些缺少的部分是不可省略的。

第二,教学过程的设计采用师生对话的形式是不妥当的。实际的教学过程往往与设计是有差距的,这个差距甚至是比较大的。因而,教学设计中教师很难准确地预测学生对于自己所提问题的反应。故此,将具有大概性质的教学过程写成具有准确性质的对话形式是没有多大意义的。我们希望教师在教学设计中避免这种做法。

第三,该教学设计中,函数概念的学习是通过概念形成的方式进行的。教师设计了三个具体的例子,即炮弹飞行、臭氧层空洞和恩格尔系数,让学生找出它们的共同之处。不过,教师并没有让学生试图用数学语言及数学符号来对所得到的函数概念进行表征,而主要是教师给出函数准确的定义及有关表征,这个设计过程的处理是不够规范的。对函数概念的理解是通过几个例子来实现的,其处理也是较好的,最后给出了总结。总的来说,教学过程的四个环节,即引入、新概念的学习、新概念的理解以及小结的设计还是不错的。

第四,在教学过程的设计中,我们注意到设计者给出了设计意图,我们希望教师在设计中给出相应的设计依据。设计意图的意思是这样设计要干什么，而设计依据的意思是这样设计的根据是什么。在后面的案例中我们会看到，设计者在设计中都使用了设计意图而不是设计依据。我们建议设计者给出设计依据，因为这将使他们能从更深的角度甚至从理论的角度进行思考，从而使设计更为科学、更有层次。

请读者根据以上分析，对"函数概念"的教学设计进行修改，从而形成一个更好的教学设计。

4.4 概念同化的教学设计

概念形成的教学有很多优点，但它也有不足的地方。其中最典型的不足就是耗费时间较多，需要占用较多的课堂教学时间。而课堂教学的效率也是教师所关注的。实际上，学校产生的原因不就是需要将人类积累起来的知识在较短的时间内传授给下一代吗？正如前文所说的那样，我们在日常生活中对于新概念的学习大多不会通过自己摸索的方式而获得，更多的是他人告诉我们这个新的概念是什么，在数学概念的学习中道理也是一样的。概念同化的教学可以较好地避免效率不高的问题，因此，这是一种相当高效的概念学习方式。

所谓概念同化是指学习者之外的他人或他物告诉学习者某个概念是什么，学习者运用自身数学认知结构中已有的相关概念理解新概念的学习过程。我们可以从概念的难度上来分析一下数学概念的同化学习方式。对于一个非常简单的概念，也就是该概念的难度水平是处于学生的现有水平之内的，那么这样的概念在教学中是非常容易处理的，既可以是教师简单地告诉学生，也可以是学生通过自学的方式从教材上学习该概念，由于非常简单，因此学生可以很轻易地理解该概念。例如，在学习了圆的概念之后，还有一些相关的概念，如圆心、半径、直径及弧等，这些概念是非常简单的，教师直接告诉学生什么是圆心，学生就能完全理解该概念，教师也可以让学生阅读教材掌握圆心、半径、直径和弧这几个概念。无论是教师告诉学生还是教材告诉学生，它们都属于概念同化的学习方式，学生运用已有的知识理解新概念。我们可以把以上这种概念同化的设计与教学方式称为简易式的概念同化教学设计或教学方法。当然，中学数学中还有一些概念有一定的难度，即它们处于学生的最近发展区内，如果用以上方法进行处理的话很难保证学生能够理解新的概念，在这种情况下教师就要对新概念进行完整的概念同化的设计和教学。下面将介绍完整的概念同化的设计方法（以下简称概念同化的教学设计）的核心步骤。

概念同化的教学设计分成如下两大步骤，即教师告知新概念和学生理解新概念。

第一，教师告知新概念。教师直接告诉学生新概念是什么以及新概念的内涵（个别情况下是新概念的外延）。例如，在三角形一节，教师可以这样告诉学生："今天我们要学习三角形的知识，那么什么是三角形呢？所谓三角形就是三条线段首尾顺次连接所构成的图形，例如，（教师在黑板上画出一个三角形）像这样的图形就是三角形，因为它是由这样三条线段首尾顺次连接所组成的。"由于学生在其认知结构中已经有了线段和图形等概念，运用这些旧的概念,学生是可以理解三角形这个新概念的定义的。然后,通过若干具体的例子,学生会更好地理解教师给出的新概念的本质属性或内涵。

第二,学生理解新概念。这一环节和概念形成的理解新概念的环节是一致的。首先教师提供若干正反例让学生运用刚学习的新概念的定义进行辨析,接着可以通过一定数量的习题让学生根据所学的定义来解决。例如,在学习反比例函数的概念后,教师可以设计这样的题目让学生去解决:已知 $y=f(m,n)x^{g(m,n)}$,那么 m,n 是什么值时该函数是反比例函数? 显然,解决该题需要学生运用反比例函数的定义。总之,这一环节是为了使学生更好地理解新概念。

在以上两个环节的基础上再加上前文所述的复习旧知、课题引入、反思总结和布置作业后就构成了完整的概念同化的数学教学设计(图 4.6)。

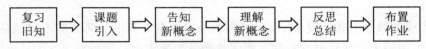

图 4.6　完整的概念同化的数学教学设计

在我国,概念形成的数学教学主要是课改以后才真正得到运用的,而概念同化的教学则是一种传统的概念教学方式,由此也可以看出,传统的概念教学是一种强调结论和注重理解的教学方式。从以上内容实际上可以看出,概念形成的数学教学设计和教学虽然可以培养学生的创新意识和能力,但是概念同化的教学运用起来更为方便,也更节省时间。另外,一个很重要的方面是学生也可以很好地理解新的概念。因此,不难理解,在今天的数学教学中,大多的概念教学实际上运用的是概念同化的方式。

最后,我们还可以对概念同化的教学过程中教师和学生的角色进行分析。教师在该过程中首先给出新概念的定义,并进一步给出数学题让学生通过解题理解新概念。学生在该过程中则是接受教师给出的新概念的定义并尽量理解该概念,并通过做教师给出的数学题进一步理解新概念。对比一下在概念形成的教学过程中教师和学生的角色,可以发现二者是不同的。这也说明了,虽然在数学教学中,教师是教学的主导而学生是数学学习的主体,但是不同的教学活动中教师的主导作用和学生的主体地位表现形式是不同的。

4.5　概念同化教学设计的案例

4.5.1　"全等三角形"教学设计

1. 教学目标

(1) 了解全等图形和全等三角形的概念,理解全等三角形的性质。

(2) 能准确找出全等三角形的对应元素,逐步培养学生的识图能力。

(3) 能运用全等三角形的性质进行简单的几何证明或计算。

2. 教学重难点

重点：全等三角形的概念和性质。

难点：全等三角形对应元素的确定。

3. 教学准备

三角板、自制两个全等三角形教具、教学课件。

4. 教学过程

（1）创设情境，引入新知。

教师出示五组图形，学生观察图形并思考如下问题：

问题1：观察下列图形的形状和大小有什么特点？

问题2：形状相同、大小相等的两个图形叠合到一起，你有什么发现呢？（用课件演示图形叠合后的效果，由此得出全等图形的定义）

问题3：你还能举出一些生活中的全等图形实例吗？

师：最后一组图形是我们熟知的三角形，在前面的章节里我们认真学习过，它是全等图形中最简单的一种，也是今天开始我们将要学习的新知识：全等三角形。（引出课题并板书）

（2）合作交流，探索新知。

① 全等三角形定义：能够完全重合的三角形叫作全等三角形。

a. 类比全等图形的定义，得出全等三角形的定义。

b. 教师拿出自制教具（两个全等三角形）演示，给学生直观的感受。

② 全等三角形表示。

a. 介绍全等符号"≌"的含义，其中"∽"表示形状相同，"＝"表示大小相等。

b. 介绍对应顶点、对应边、对应角的概念。

c. 表示全等三角形时，要按对应字母的顺序书写。

③ 全等三角形的性质：全等三角形对应边相等，对应角相等。

a. 课件和教具同时演示，学生发现对应的角和边可以重合，由此得出全等三角形的性质。

b. 引导学生用几何语言表述全等三角形的性质。

（3）巩固练习，强化新知。

知识运用一：

① 已知：如图4.7所示，△ABC≌△DEF，请说出它们的对应边和对应角。

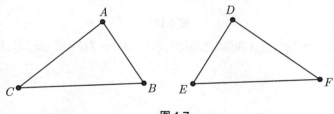

图4.7

② 已知：如图4.8所示，△ABD≌△DCE，∠B=∠C。

a. 请说出其他的对应角和对应边。

b. △OBE≌△COD，请说出它们的对应边和对应角。

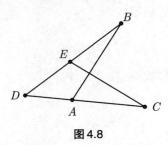

图4.8

c. 如图4.9所示，两个三角形全等，其中B和D是对应顶点，AB和CD是对应边。请写出表示两个三角形全等的式子，写出它们的对应边和对应角。

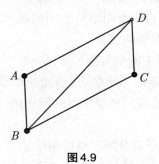

图4.9

知识运用二：

① 已知：如图4.10所示，△ABD≌△CDB，若AB=4，AD=5，则BC=_____，CD=_____；若∠A=55°，∠CDB=30°，则∠C=_____，∠ADB=_____。

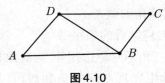

图4.10

② 已知：如图4.11所示，△AOC≌△BOD，求证：AC∥BD。

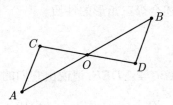

图4.11

③ 已知：如图4.12所示，△ABC≌△DEF，CF=3 cm，DF=5 cm，求AF的长。

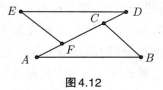

图4.12

④ 已知:如图4.13所示,△ABC≌△DBE,∠DBA=35°,求∠EBC的度数。

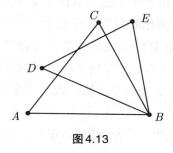

图4.13

(4) 师生互动,总结新知。
① 全等图形、全等三角形的定义。
② 全等三角形的性质。
③ 全等三角形对应边、对应角的规律。
④ 利用全等三角形的性质解决问题。
(5) 布置作业。
同步训练:相关习题。
(6) 拓展提高。

如图4.14所示,已知点 E 在 AC 上,点 D 在 AB 上,△ADC≌△EDB,若∠A=50°,∠C=30°,求∠EDC的度数。

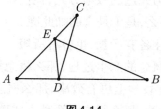

图4.14

4.5.2 对"全等三角形"教学设计的分析

第一,该教学设计成分不完整。缺少教学方法设计以及板书设计,对于成分不完整的不足之处已在前文分析过。

第二,在教学过程设计中缺少设计依据。缺少设计依据是一个比较严重的问题。前面我们已经说过,设计依据是教学设计中非常重要的一部分。如果教师在设计中不但考虑到教学中要做什么,而且考虑到为什么这么做,那么这样的设计一定是教师深思熟虑而不是随意为之的结果。反之,如果没有设计依据,那么教师在教学设计时是比较盲目的。例如,要设计一个例题,如果有设计依据,那么设计者一定会给出为什么要选择这个题目而不是其他题目作为例题的原因。如果没有设计依据,那么极有可能教师只是盲目地抄袭了教材上的例子,至于这个例子是不是适合作为例题可能就没有考虑了。

第三,该教学设计并非单纯的概念课,而是概念和命题的综合课。在本节课的教学中,涉及的概念包括全等图形、全等三角形以及全等三角形的性质,即两个概念和一个命题。实际上,在很多数学新授课中既包括概念的学习也包括命题的学习。全等三角形的概念是在全等图形概念的基础上学习的,由于学生已经掌握了全等图形的概念,因此,在全等三角形概念的学习中,教师运用了概念同化的方式进行教学。学生可以很容易地运用全等图形的概念理解全等三角形的概念。这样的处理方式是比较合理的。在得到全等三角形的概念后,介绍了其符号表达。至于对三角形全等概念的理解,教师可以通过设计一些题目让学生达到理解的目的。从整体上看,如果不考虑缺少设计依据的话,这样的过程设计还是比较好的。

请读者根据以上分析,对"全等三角形"的教学设计进行修改,从而形成一个更好的教学设计。

4.6 对概念教学设计的再探讨

在本章前面的内容中我们分别介绍了数学概念形成和概念同化的教学设计,在本节中,我们将对数学概念的教学设计进行进一步的探讨。

要探讨的第一个问题是概念形成和概念同化这两种教学设计及教学方式孰优孰劣。之所以提出这个问题,是因为有些人(这些人中有一线教师、数学教研员甚至数学教育研究者)认为,概念形成是比概念同化更为先进的教学方式,他们将概念同化说成是一种从概念到概念的传统的、落后的教学方式,那么,是不是真的如此呢?

实际上,概念形成和概念同化各有所长,也各有所短。如果要培养学生的创新意识和能力,或者要让学生体验某个数学概念的产生过程,那么概念形成当然要比概念同化更好。但是,如果想要在时间上更经济,在教学上更有效率,那么概念同化明显比概念形成要好。如果要从学生对于新概念的理解上看,那么很难说哪种方式更好一些。因此,我们不能简单地说,概念形成的教学比概念同化的教学要好,或者说概念同化的教学比概念形成的教学要好。比较好坏要有个标准,如果用某个确定的标准如创新意识和能力的培养来衡量,那么我们确实可以说哪个方式更好一些。从整体上说,因为我们既要培养学生的创新意识和能力,也要追求教学上的效率,所以在概念教学中,既要有概念形成也要有概念同化。

要探讨的第二个问题是,在概念教学中,是不是要么是用概念教学的方式要么是用概念形成的方式进行教学呢?并不是如此!实际上,在教师实际的数学教学设计和课堂教学中,他们会灵活地运用概念形成和概念同化的方式,将这二者进行组合。例如,教师可以进行这样的设计:教师给出一些具体的例子—学生找出共同点—教师给出新概念的定义—学生找出正例和反例—做例题。教师也可以这样进行设计:教师给出一些具体的例子—学生和教师一起找出共同点—学生给出新概念的定义—学生做题理解新概念。教师还可以这样进行设计:教师直接给出定义—学生根据定义找出具体的例子—学生做题理解新概念。因此,我们不应该将概念教学设计的方式理解为概念形成或概念同化,二者必居其一。而是应该将概念形成和概念同化视作概念教学设计的两个极端。一端是概念同化,另一端是概念形成,从概念同化到概念形成的过程中会产生许多不同的设计方法,既有含有概念形成成分的,也有含有概念同化成分的,当然在这个过程中同化逐步减弱而形成逐步增强。

以上对于概念教学设计的讨论对于下一章"数学命题的教学设计"也同样适用。

习题

1. 请从思维的角度对概念形成和概念同化的学习过程进行比较。
2. 请任意选择中学数学中有关概念学习的一节内容进行概念形成学习的教学设计。
3. 请任意选择中学数学中有关概念学习的一节内容进行概念同化学习的教学设计。

课外阅读材料

[1] 徐晓燕. 概念性理解与数学概念教学:基于数学任务设计的视角[M]. 上海:上海教育出版社,2020.
[2] 安妮·沃森,凯斯·琼斯,戴夫·普拉特,等. 中学数学教学核心概念解读[M]. 王瑞霖,张景斌,译. 北京:教育科学出版社,2020.

第5章 数学命题的教学设计

数学命题包括真命题和假命题,本章所说的命题除非特别指出,均指真命题。命题在数学中扮演着极为重要的角色,是中学生数学学习的重要内容。数学概念的重要性在于其所具有的基础作用,而数学命题的重要性在于其所具有的应用价值。数学命题的教学扮演着非常重要的角色。

本章主要介绍数学命题教学设计的两种基本方式,即从例子到命题和从命题到例子。通过本章的学习,读者应该对数学命题的相关知识有较好的了解,掌握数学命题证明的意义,理解命题教学的两种基本方式并且能进行数学命题的教学设计。

5.1 数学命题的相关介绍

数学概念明确了某个数学对象是什么,而数学命题是指判断某个数学事件的陈述句,简单地说,数学命题就是一个数学判断。例如,"三角形的内角和等于180°"是对三角形内角和是多少度的判断,而"平行四边形对角线相互平分"则是对平行四边形对角线关系的一种判断。如果一个命题作出的判断是正确的,那么这个命题是真命题;如果一个命题作出的判断是错误的,那么这个命题就是假命题。在欧式空间中,"三角形的内角和等于180°"就是一个真命题,而在非欧几何中该命题则是一个假命题。

一个命题具有条件和结论两部分,"三角形的内角和等于180°"中的条件是"三个角是三角形的三个内角",结论是"三个角的和为180°"。正如"三角形的内角和等于180°"一样,数学中的很多命题是以相当简洁的形式进行表达的(这体现了数学的简洁性,但对于中学生来说可能会产生错误),因此,对于中学生来说,要能从简洁表达的命题中区分出条件和结论部分。中学数学中会介绍命题的形式和相互关系。对于两个数学命题来说,如果一个命题的条件和结论分别是另一个命题的结论和条件,那么这两个命题称为互逆命题,其中一个命题叫原命题,另一个叫逆命题。对于两个命题,如果一个命题的条件和结论分别是另一个命题的条件的否定和结论的否定,那么这两个命题称为互否命题,其中一个命题叫原命题,另一个命题就叫否命题。对于两个命题,如果一个命题的条件和结论分别是另一个命题的结论的否定和条件的否定,那么这两个命题称为互为逆否命题,如果一个命题称为原命题,那么另一个命题就称为逆否命题。能够由一个命题出发,写出它的逆命题、否命题和逆否命题对于中学生来说也是必须掌握的。

这四种命题形式之间的关系是,原命题与逆命题是互逆关系,原命题与否命题是互否关系,逆命题与否命题是互为逆否关系,原命题与逆否命题也是互为逆否关系。这四种命题的真假关系是,如果两个命题互为逆否命题,那么它们同真假,而两个命题如果是互否或互逆,那么它们之间的真假没有关系。其中互为逆否命题的两个命题同真或同假在命题的证明中是很有用的。如果要证明一个命题是真的,而这个命题的直接证明不容易,那么我们就可以证明它的逆否命题为真,从而得到原命题为真,这样的证明方法被称为间接证明。

命题条件和结论之间的关系还涉及中学数学中经常遇到的几个概念,即充分条件、必要条件以及充要条件。如果"若p,则q"为真,也就是由p推出q,就说p是q的充分条件,q是p的必要条件;如果既由p推出q,也由q推出p,就说p是q的充分必要条件,简称充要条件,当然q也是p的充要条件。

数学命题和数学概念之间有着密切的关系。因为数学命题实际上表达了几个不同的数学概念之间的关系,简单地说,一个命题沟通了几个不同的数学概念,是几个数学概念之间关系的表述,因而也可以说数学命题就是对数学中不同概念之间关系的判断。因为数学命题,数学内部建立了联系。很显然,如果不同数学分支的概念之间存在关系判断,那么也就表明不同数学分支之间是有联系的,这种联系比同一数学分支中概念之间关系的判断更有价值。以勾股定理这个简单的命题为例,它可以表述为直角三角形斜边长的平方等于两个直角边的平方和。该定理表达了直角三角形斜边和两个直角边之间长度的关系。

对于一个数学分支来说,数学概念相当于盖房子用的砖瓦、木头和钢筋等,而数学命题则相当于房子的一个个部分,如墙、地面、阳台和房间等。就数学大厦来说,概念当然很重要,但命题更为重要,因为它们才是构成大厦的成分。从公理化的角度来看,一个数学分支的构成基本上是这样的:首先,要有几个公理,让它们成为一个分支的出发点。公理是公认的正确命题,它们具有原始性。对于一个数学分支来说,公理一般来说要满足这样几个条件。首先是要够用,即从这几个公理出发,要能够推导出这个分支中所有的命题。其次,公理之间要具有无矛盾性。即你不能从这些公理出发既推导出一个命题A,又能够推导出命题A的否命题。最后,公理具有独立性,即你不能从一个公理推导出另外一个公理。历史上非欧几何的产生正是因为数学家们感到欧式几何中的第五公设不具有独立性,因而试图用其他的几个公理来证明该公设,最终导致了非欧几何的产生。公理的独立性保证了一个数学分支中的公理数是最少的。从公理出发,运用逻辑演绎的方式推导所有的命题。这样,公理加上所推导的命题就构成了一个数学分支的框架。

从数学学科的发展来看,数学家的工作很大程度上就是得到一个个数学命题,从而使数学得到发展。从学生的数学学习来说,数学命题的学习是非常重要的。可以从以下几点来看命题学习的重要性。第一,因为一个命题是建立在其他命题的基础上的,因此,如果学生不能理解命题,那就意味着对其他命题也不理解。第二,数学的应用,无论是在数学内部应用还是外部应用,即运用数学知识解决数学问题或现实问题,很大程度上都是指数学命题,因此,学生只有理解了数学命题,才谈得上能够应用。正是因为数学命题的重要性,从而使学生能够很好地理解命题就变得十分重要,因此,教师应该要认真对待命题的教学设计。

5.2 数学命题与证明

我们知道,数学中的命题,除了公理外,其他的命题都是需要证明才能说该命题是真命题,才能被称为数学定理。数学证明被认为是数学学科与其他学科最大的不同点,最能体现出数学的特点。

在所有学科甚至日常生活中,证明都是一个常见的词。但是,这些证明与数学中的证明是完全不同的。以与数学学科最接近的物理来说,物理中的证明是通过观察来实现的。物理学家通过观察或理论分析提出一个物理猜想,然后通过对现实的观察来证明猜想。如果对现实进行一次观察,发现了与猜想是矛盾的,那么说明猜想是错误的。如果通过观察,发现与猜想是比较符合的,那么说明猜想可能是正确的。随着观察次数的增加,如果都与猜想相符合,那么说明猜想的正确性就更大。即使如此,随着观察次数的增加和手段的提高,本来认为是正确的猜想仍有可能是错误的。

数学中的证明是一种逻辑演绎的证明,主要是采用三段论的方式进行。所谓三段论是指推理是由三部分组成的,即大前提、小前提和结论。比较经典的例子是亚里士多德必死。大前提是"凡人必死",小前提是"亚里士多德是人",结论是"亚里士多德必死"。大前提陈述的是更具一般性的判断,而小前提陈述的则是相对具体的判断,所得到的结论是具体的判断。不难看出,只要大前提和小前提是正确的,那么根据三段论得到的结论的正确性就一定能得到保证。通常把这种情况叫作将真由前提传递到结论。三段论实际上是我们人类在认识事物时进行判断的基本方式,我们日常生活中作出的许多判断如果进行分析的话,很多都是通过这种方式进行的。在数学证明中,我们主要运用三段论进行推理。举个简单的例子,大前提是"所有三角形的内角和都是180°",小前提是"正三角形是三角形",结论是"正三角形的内角和是180°"。中学涉及的证明往往并不复杂,一般的证明会由几个三段论组成,即使这样,数学证明对于中学生特别是刚开始接触证明的初中生来说也并不是一件简单的事情。相对来说,数学家进行的证明一般来说是相当复杂的,一个证明的篇幅可达到数十页甚至更多。在这样的证明中,数学家需要用成百上千个三段论将条件和结论联结起来,其复杂性超出一般人的想象,这种处理复杂证明的能力体现了数学家的高超智慧。当然,数学家在证明的过程中也会出现这样或那样的错误。在一个证明中需要运用三段论的数量从某种程度上说体现了证明的复杂性,也体现了证明者的证明能力。因此,在中学数学教学中,当学生刚接触数学证明时,可以只用一个三段论,以后可以逐步增加三段论的个数。

在进行推理证明时,必须要强调前提是正确的,这就意味着前提必须是已经证明的命题或无须证明的公理,只有这样才能得到证明的结论。证明中要防止以直观的图形来作为依据,这是中学生经常会犯的错误。

数学家的工作主要就是找出新的定理,当然,首先得提出猜想。数学家可以自己通过观察和归纳等提出猜想,然后对猜想进行证明,也可以对其他数学家所提出的猜想进行证明。

例如,今天还有很多数学家在试图证明哥德巴赫猜想,而该猜想是在几百年前由数学家哥德巴赫提出的。不但哥德巴赫自己未能证明该猜想,数百年来许多数学家甚至像欧拉这样的大数学家都未能证明。猜想是数学命题,但有可能是真命题,也有可能是假命题。当猜想提出后,数学家们并不清楚它是真命题还是假命题。如果数学家能够给猜想找到一个反例,那么这就说明该猜想是假命题。如果找不到反例,那么就要进行演绎证明来试图证明它是真命题。假命题构建了数学概念之间的虚假联系,它们在数学中是没有价值的,随着反例的发现而迅即被抛弃。猜想一旦被证明而成为一条定理,其在数学中的重要性立刻就会产生。数学家们会根据该定理进一步推导出其他的定理,也会在实际中运用该定理解决问题。

以上是数学家围绕猜想证明而进行工作的大致描述,数学教学中学生对于命题的学习在一定程度上与它有一定的相似性,不过在传统的数学教学中,命题的学习与它几乎是没有联系的。在传统的数学教学中其实没有数学猜想而只有数学定理。教科书或教师会直接给出定理,至于这定理从何而来,则不是他们所关心的问题,在教学中要做的主要是给出这个定理的证明和在数学中运用这个定理。定理在教学中是当作一个已经知道其为真的数学命题而不是不知真假的数学猜想来对待的。这种处理定理的教学方法与数学家得到定理的方法是完全不同的。

本节的最后,我们来谈一下中学生数学证明的格式。要对一个数学命题进行证明其实是有不同的格式的。在我国以及世界上许多国家的中学数学教学中普遍采用一种称为两列式的证明格式,这种证明格式是将证明分成两列,左列写推理过程,右列写推理依据。这种证明格式让人看起来比较清楚,推理过程不复杂、篇幅不长,特别适合中学生使用。除了这种格式外,还有其他一些证明格式,其中使用比较多的是段落式证明,这种格式像写文章一样,数学家在写论文时一般采用这种证明格式,有些国家的中学生也采用这种格式进行证明。这种证明格式的长处是比较节省篇幅,并且与写文章类似,学生也比较容易接受。虽然有学者曾对中学生的两列式证明书写格式提出过批判,但我们还是觉得这样做是比较合理的,数学学习应该和学生的认知相符合,两列式的证明格式正是与中学生认知水平相符合的书写形式。

5.3 数学命题教学

数学命题既然如此重要,在教学设计中,教师就应该认真地研究从而使学生能够更好地理解所学习的命题。需要注意的是,中学数学中的命题既包括定理(性质定理、判断定理),也包括公式和法则。

和任何新知识的学习包括数学概念的学习情况相似,数学命题的学习也有两种基本的方式。第一种是教师或教材告诉学生新的命题是什么,学生理解并接受这个新的命题。第二种是教师创设一定的条件,学生自己去发现新的命题,当然在学生发现的过程中教师会给予帮助,但主要是学生发现新的命题。我们将第一种方式称为从命题到例子的教学,将第二种方式称为从例子到命题的教学。相应地,将与第一种教学相应的设计称为从命题到例子的教学设计,与第二种教学相应的设计称为从例子到命题的教学设计。以下将分别介绍这两种教学设计方式。为方便说明,首先介绍第二种方式,再介绍第一种方式。

5.3.1 从例子到命题

从例子到命题是指这样一种命题教学设计方式:首先,教师为学生提供探究数学命题的情境,该情境是一些现实的或数学的素材。接着,学生通过对这些素材进行探究,提出数学猜想。然后,学生证明该猜想。最后,学生进一步理解该命题。简单地说,从例子到命题的教学设计包括四个核心步骤:具体材料、提出猜想、证明猜想、理解命题。如果一节课就是一个命题的教学,那么这四个步骤就是课堂教学的主要部分。如果再加第三章中介绍的旧知复习、课题引入、总结反思和布置作业这四个环节,便构成了完整的一节命题课(图5.1)。

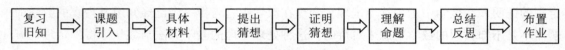

图5.1 例子到命题的教学

下面将以初中勾股定理一节的教学设计为例,来说明这几个环节的设计(请注意它们与概念同化核心环节的相似之处与不同之处)。

1. 具体材料

这个环节的目的在于给学生足够多且有代表性的材料。将这些材料的共同点进行一般化就可以得到所希望的数学猜想。材料在一般情况下是教师为学生准备的,它们是教师在教学设计阶段需要设计的,当然在有的情况下也可以是教师在课堂上要求学生自己提出的。因为需要学生在这些具体的例子中找出共同点从而提出猜想,所以这些具体的例子都应该包含猜想的具体形式,其中绝不能含有反例。在勾股定理教学的具体材料阶段中,教师可以为学生每人准备十个大小形状不同的三角形纸片,也可以在上课时要求每个学生在方格纸上画出十个大小形状不同的三角形。这里要注意的是,并不是一定要三角形的个数为十个,十只是一个概数,六个、八个也是可以的,学生只要能够从中提出猜想就可以了,当然如果数量太少显然是不可以的。另外,三角形的大小、形状应该是不同的,有的大一点有的小一点,有的直一点有的斜一点,这样做的目的是使这些三角形具有代表性。教师要求学生量出这些三角形三边的长,并且通过对这些数据进行观察、计算和想象,提出直角三角形三边关系的猜想(为了防止学生提出两边之和大于第三边以及两边之差小于第三边,可以在学生猜想之前告诉学生:直角三角形是一种特殊的三角形,在前面已经学习过一般三角形的三边关系,即两边之和大于第三边和两边之差小于第三边,直角三角形三边之间显然也满足这样的关系,不过我们想探究直角三角形这种特殊的三角形三边之间具有的特殊关系)。

2. 提出猜想

让学生通过具体的材料猜想出共同点并不简单。在学生的数学世界中,提出的数学猜想是完全不存在的,他们要发现的是全新的数学关系。有些数学教师特别是年轻数学教师,往往会从自己的知识和能力出发,想当然地认为,学生会很容易地提出所要求的猜想,然而这是不正确的。以勾股定理的猜想为例,在古希腊的毕达哥拉斯之前,数学家和哲学家们早就在研究直角三角形了,但是,并没有人意识到直角三角形三边长之间所存在的两直角边平方和等于斜边平方的关系。因此,我们完全可以这样断言:如果学生没有他人的帮助,或没有阅读相关的材料,也许他们永远都不会提出正确的猜想。当然,由于教师的启发引导,使学生的数学探究发现大大地不同于数学家的创造。教师会启发学生,如果不能发现直角三角形简单的三边关系,那么是不是可以考虑边长的平方或者其他的什么关系。在这样的启发下,学生的探究就会变得相对简单,从而最终得到直角三角形斜边的平方等于两直角边的平方和这一结论。可见,该环节体现了教师的主导作用和学生的主体地位。也可以看出,学生的数学再创造是在教师帮助下的创造,这使学生的再创造和数学家的创造具有极大的不同。学校的数学教学不是简单地将人类所积累的数学知识的基本部分传授给下一代,而应该是将人类所积累的数学知识的基本部分以及其中的一些发现的过程和方法一起传授给下一代。

3. 证明猜想

学生应该明确,所提出的数学猜想是基于非常有限的材料得到的,而数学猜想这样的命题是具有一般性的数学规律的陈述,因此,得到的数学猜想未必是正确的。数学史上提出错误猜想的例子有很多。举一个著名的例子,大数学家费马曾提出如下猜想:对于任意非负整数n,$2^{2^n}+1$都是素数。费马验证了前5个数分别是3、5、17、257和65537,这些数确实是素数,但实际上,这是一个错误的猜想。一个数学猜想是真命题还是假命题,在数学上必须要进行证明。因为要证明的是一个猜想,即实际上有可能是一个假命题。因此,首先可以让学生尝试着是否能找出一个反例,如果能够找出反例,那就说明这是一个假命题,也就意味着所提出的猜想是错误的。例如,上面的费马猜想,在费马提出该猜想近一百年后,瑞士数学家欧拉发现当$n=5$时为合数($2^{2^5}+1=641\times 6700417$),从而证明了该猜想是假命题。如果找不出反例,就可以将该猜想作为一个真命题来处理,那么接下来学生要做的实际上就是要证明一个数学命题,简单地说,这个环节就是做一个数学证明题。需要指出的是,在实际的教学中,学生往往都是一下就提出正确的猜想,这实际上是教学中的简单化。当学生找不到反例,从而开始进行证明时,处理方式就和做例题及习题课中的做题并没有什么不同了。虽然提出猜想是很困难的,但是证明猜想却未必困难。如果证明难度在学生的现有水平之内,那么学生会轻易地将它证明出来,在教学中,教师只要将它视为一般的简单练习就可以了,不需要在教学设计时过分考虑。如果证明难度在最近发展区内,那就意味着课堂上需要花一定时间来处理它。在这种情况下,学生可能光凭自己的努力或在同伴的帮助下都不能给出证明,因而教师的启发引导就很有必要了。因此,教师应该要设计启发引导的方式。对于初中生来说,勾股猜想的证明显然是比较困难的。因此,教师要设计如何启发学生将要证明的结论与正方形和直角三角形的面积联系起来,最终使得学生自己找出证明的方法将该猜想证明出来。

4. 理解命题

当学生证明了猜想,从知识学习的角度来看,他们学习到了新知识即新的定理。接下来当然就是要对新知识进行理解。对新定理的理解可以从两个方面进行,一是运用新定理解决数学问题;二是运用新定理解决实际问题。无论哪个方面,其实都是在运用新定理,而运用新定理显然是理解它的最好途径。在教学设计中,教师既可以设计例题,也可以设计课堂练习,通过让学生做数学题来使学生理解新定理。由此可以也可以看出,这个数学命题的教学设计方式也称为从例子到命题再到例子,即从例子出发得到数学命题,再将数学命题运用到例子中解决问题。

和上一章概念形成的教学设计类似,如果学生在上课之前已经自学了新命题,即使学生只是简单地了解了新命题,那么从例子到命题的教学也都将变得毫无意义,如果教师在上课时仍然按照上面的步骤进行,那么实际上就是一种形式化的教学了。就如在勾股定理的猜想教学中,学生已经知道了两直角边的平方和等于斜边的平方,教师还要求学生去进行边之间关系的猜想,这实际上就很荒唐了。因此,和上一章中的概念形成教学类似,必须要求学生在进行从例子到命题的教学之前,完全不能进行任何形式的新知识学习,这是为了保证从例子到命题的教学的有效性。显然,在那些日常教学中使用学案的学校,从例子到命题的教学以及概念形成的教学实际上都是无法实施的。有人曾就数学教学中的课前预习及现在的学案使用提出这样的观点:在新知识的教学前学生应该完全不接触它们,使课堂教学在一种学生对于知识完全不知的情况下进行,这样将使学生能够体验到新知识带来的新鲜感和刺激感。这种观点是有一定道理的。在学生对新知识完全无知的情况下进行课堂教学,不仅能让学生体验到新知识带来的新鲜感和刺激感,也能让学生更好地体验知识的形成过程,能让学生进行真正的探究发现。而当学生在课前预习了新知识,那么这样的知识对于课堂教学中的学生来说,就不再是新的知识,那些能够引起学生激动的教学时刻将难以呈现。这样,在一节课的课后或下一节课的课前,学生要做的更多的是运用所学的知识和扩展所学的知识,而并不是了解即将要学习的新知识。

5.3.2 从命题到例子

从命题到例子的命题教学设计的核心成分如下:首先,教师直接给出该命题。接着,证明该命题。最后,理解该命题。在出示命题阶段,教师直接给出该命题,需要注意的是,教师所给出的命题并不是前面从例子到命题设计中的猜想,而是真命题即定理。还是以勾股定理的教学为例。在给出命题阶段,教师可以这样说:"在前面我们学习了三角形三边之间的关系,即两边之和大于第三边而两边之差小于第三边,在直角三角形中,这种三边之间的关系当然也是存在的。直角三角形是一种特殊的三角形,那么它的三边之间有什么特殊的关系呢?实际上在很久以前数学家就发现了这种特殊的关系,即两直角边的平方和等于斜边的平方,这就是我们今天要学习的勾股定理。"在证明命题阶段,学生要证明命题;在勾股定理教学的这个环节,学生要证明定理:直角三角形两直角边的平方和等于斜边的平方。但需要注意的是,此时的证明与从例子到命题的证明是不同的。从例子到命题的证明是对猜想的证明,此时,该命题仍然有可能是错的。学生会首先试图找出反例,在找不到反例的情况下才开始进行命题的证明。而这里的证明却是对定理这个真命题的证明,即学生在已经确认了其正确性的情况下进行的证明,也就不存在找反例的环节。因此,这部分与从例子到命题的猜想证明的后半部分是一致的。而在理解命题阶段,所进行的设计与从例子到命题的这一部分是完全一致的,即通过运用新学习的定理解决数学和现实中的问题。这样,加上复习旧知、课题引入、总结反思和布置作业,就构成了从命题到例子的完整教学设计(图5.2)。

图 5.2　命题到例子的教学

以上我们介绍了从例子到命题和从命题到例子的数学教学设计方法,需要注意的是,这是两种典型的概念教学设计方式,在实际的教学设计中,数学教师往往并不一定会严格按照其中的一种方式进行设计并进行教学,而是将这两种方式进行融合从而形成其他形式的教学设计方式。这些教学设计方式既有一些从例子到命题的设计思想,也有一些从命题到例子的设计思想,因而我们将它们统称为综合设计方式。

5.4　数学命题教学设计案例及分析(从例子到命题)

5.4.1　"等比数列前 n 项和公式"教学设计

1. 教学的重点与难点

重点:等比数列前 n 项和公式。
难点:等比数列前 n 项和公式的推导。

2. 三维目标设计

(1) 知识与技能目标。
理解公式的推导过程,掌握等比数列前 n 项和公式,并会解决一些简单的有关问题。
(2) 过程与方法目标。
经历通过数学多元表征揭示数学本质的过程,发现现象与本质的紧密联系;经历由提出猜想到自主探索的过程,感受数学思想方法的合理性。
(3) 情感态度与价值观目标。
经历由特殊到一般的认识过程,受到辩证唯物主义思想的熏陶;体验知识再发现过程,感受科学探究的严谨及数学思考与探索的乐趣;体会类比、分类讨论等数学思想及其应用价值,培养将数学与生活相联系的学习习惯。

3. 教学过程设计

(1) 情境引入，提出问题。

"一尺之棰，日取其半，万世不竭。"(出自《庄子·天下》)为什么万世取不完一尺之棰？请先将此问题转化为数学问题，并用数学知识解释它。由此引出：$\frac{1}{2}+\frac{1}{4}+\frac{1}{8}+\cdots+\frac{1}{2^n}<1$。

【设计意图】 利用数学史引出问题，激发学生的学习兴趣。将一个具体的问题经数学抽象变为等比数列求和问题，培养学生从实际问题抽象出数学模型的能力。

(2) 观察特例，提出猜想。

引例为一个等比数列的前 n 项和，问题是如何求出 $\frac{1}{2}+\frac{1}{4}+\frac{1}{8}+\cdots+\frac{1}{2^n}$，利用图5.3的表征可以帮助提出猜想与证明。

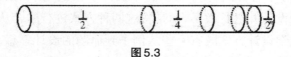

图 5.3

由图 5.3 可知：

$$\frac{1}{2}+\frac{1}{4}+\frac{1}{8}+\cdots+\frac{1}{2^n}=1-\left(\frac{1}{2}\right)^n$$

讲述古印度舍罕王赏麦的故事并让学生思考如何算出赏麦数量。要算出舍罕王奖赏国际象棋发明者西萨的麦粒数量，可利用图形表征帮助学生发现规律：下一行的个数都比前面所有行的个数之和多一个，如图5.4所示。

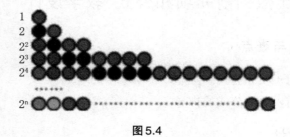

图 5.4

由此可知：

$$1+2+2^2+2^3+\cdots+2^{63}=2^{64}-1$$

将其推广可得

$$1+2+2^2+2^3+\cdots+2^{n-1}=2^n-1 \tag{5.1}$$

结合引例：

$$\frac{1}{2}+\frac{1}{4}+\frac{1}{8}+\cdots+\frac{1}{2^2}=1-\left(\frac{1}{2}\right)^n \tag{5.2}$$

比较式(5.1)和式(5.2)，尝试归纳并猜想等比数列前 n 项和公式：

$$a_1+a_1q+a_1q^2+\cdots+a_1q^{n-1}=m(1-q^n) \tag{5.3}$$

【设计意图】 数学多元表征从不同的角度揭示了数学知识的本真意义，是促进数学理解的有效方式。多元表征是学习的手段而不是目的,通过图形表征、符号表征能达到发现一般规律的目的,通过视觉化表征能激发学生的兴趣,提高学生的认知水平与行为参与度。

(3) 证明猜想,得出公式。

让学生通过合理猜想、自主探究发现等比数列前 n 项和公式的推导方法。在此过程中鼓励学生立足于自身知识经验发散思维。结合学生实际可从以下几个层面给予引导:

① 类比等差数列,使用倒序相加,如果不行,那么该怎么办?

a. 从猜想式(5.3)的 $m(1-q^n)$ 结构特征去思考:

$$s_n = a_1 + a_1 q + a_1 q^2 + \cdots + a_1 q^{n-1} \tag{5.4}$$

$$q s_n = a_1 q + a_1 q^2 + \cdots + a_1 q^n \tag{5.5}$$

式(5.4)-式(5.5)得

$$s_n = \begin{cases} \dfrac{a_1(1-q^n)}{1-q} & (q \neq 1) \\ n a_1 & (q = 1) \end{cases}$$

并利用古代"田忌赛马"策略对"错位相减法"的运算方式、过程进行形象的言语表征与视觉表征,体现教育形态下数学知识的应用(图5.5)。

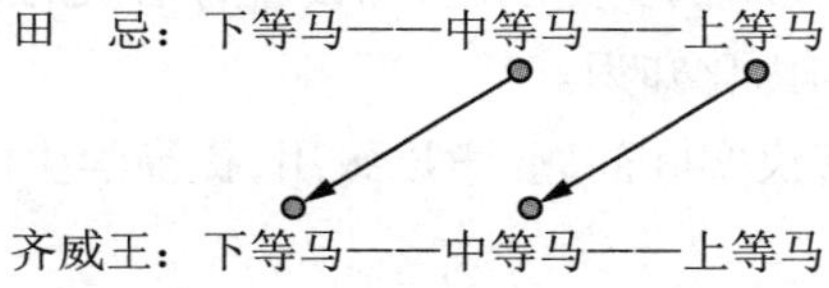

图5.5

b. 从猜想式(5.3)的公式结构特征去思考,还可以简化证明:

$$s_n = a_1 + a_1 q + a_1 q^2 + \cdots + a_1 q^{n-1}$$

$$q s_n = a_1 q + a_1 q^2 + \cdots + a_1 q^n - a_1 + a_1$$

$$q s_n = s_n - a_1(1 - q^n)$$

$$(1-q) s_n = a_1(1 - q^n)$$

……

② 从等比数列的定义去思考,利用和比定理法证明(即回到定义并体现"相加"与"错位"):

$$\frac{a_2}{a_1} = \frac{a_3}{a_2} = \frac{a_4}{a_3} = \cdots = \frac{a_n}{a_{n-1}}$$

$$\frac{a_2 + a_3 + a_4 + \cdots + a_n}{a_1 + a_2 + a_3 + \cdots + a_{n-1}} = q$$

$$\frac{s_n - a_1}{s_n - a_1 q^{n-1}} = q$$

$$(1-q) s_n = a_1(1 - q^n)$$

……

③ 从等比数列各项之间的符号特征去思考,即利用提取公因式法证明:

$$s_n = a_1 + a_1q + a_1q^2 + \cdots + a_1q^{n-1}$$
$$= a_1 + qs_{n-1}$$
$$= a_1 + qs_n - a_1q^n$$
$$(1-q)s_n = a_1(1-q^n)$$
$$\cdots$$

④ 从归纳假设去思考,对基础较好的学生提示课后利用数学归纳法证明猜想式(5.3)。当$q=1$时,显然$s_n=na_1$,根据猜想,$s_n=m(1-q^n)$,当$n=1$时,$s_1=a_1=m(1-q)$,所以当$q\neq 1$时,$m=\dfrac{a_1}{1-q}$。

【设计意图】式(5.4)为何要乘以公比q？视觉化表征起到了帮助突破难点的作用,$m(1-q^n)$是思维导火线,由此可以发现乘公比q才能得到q^n这个形式,而式(5.4)－式(5.5)就会出现$1-q^n$。经典故事的形象化表征是数学源于生活、服务于生活的价值体现。教学中鼓励学生模拟数学家的思维方式,发展创造性思维,同时让学生意识到猜想需要严格的证明才能成为共识或定理,认识对公比q分类讨论的必要性,培养学生思维的严谨性。

(4) 运用公式,提高认识。

让学生利用所学知识解决简单的实际问题,并设置有层次的题目作为课堂练习,兼顾不同程度的学生,促进学生理解与内化知识。

【设计意图】让学生动手解决实际问题,学以致用,提高学生的学习热情,让他们在问题解决中体验成功的喜悦。

(5) 过程与方法小结。

学生对本节课所涉及的数学知识、思想方法以及自己的情感体验进行回顾。

【设计意图】教学目标是否能达到,课程目标是否能实现,要看学生对知识技能的掌握和学生在情感态度方面的收获。

5.4.2 对"等比数列前n项和公式"教学设计的分析

第一,目标设计的次序有问题。该教学设计首先是教学重难点设计,然后才是教学目标的设计。而正确的顺序应该是先进行教学目标的设计,然后才是其他如教学重难点的设计。因为这里存在着这样的逻辑顺序:教学目标是教学设计的开始,只有在教学目标确定的基础上,才可以进行教学重难点的设计。实际上,在不同的教学目标下,教学重难点是不同的。造成这种错误的原因其实是不明确教学目标应该是教学设计的开始,没有认识到教学目标的重要性。

第二,设计环节有缺失。该教学设计缺少的环节有教学方法设计、教学准备以及板书设计。由于教学方法对于课堂教学来说非常重要,因而缺少教学方法设计的教学设计是不应该的。同样,教学准备和板书设计对于教学来说也是必不可少的。在教学过程中缺少复习旧知的环节,在前面的相关分析中已经说明,对于一般的数学教学来说,复习旧知是很重要的。

第三,在得到猜想后,用了很多方法去证明,这没有太大必要,只需通过一种方法进行证明就可以了。其他证明方法可以让学生在课后完成。过多的证明会消耗课堂教学的大量时间。造成这种情况的原因是设计者并没有意识到得到猜想这种创造性的工作对于学生来说是非常困难的,可以推知设计者没能很好地认识数学创造的过程。

第四,在该教学过程的设计中,没有给出哪些是教师做的哪些是学生做的。就以猜想的证明来说,虽然给出了好几种证明方法,但是这些证明方法是教师提出的还是学生提出的,是教师将证明过程给出,还是教师给出证明的方法让学生进行证明,是学生小组证明还是学生个体证明,这些都没有给出说明。从而使我们在阅读该教学设计时并不知道教师在教学中是如何进行的。

请读者根据以上分析对该教学设计进行修改。

5.5　数学命题教学设计案例及分析(从命题到例子)

5.5.1　"相似三角形(第一课时)"教学设计

1. 教学目标

(1) 理解相似三角形的有关概念,能正确找到相似三角形的对应角、对应边,渗透类比的思想方法。

(2) 经历探究相似三角形判定的预备定理的过程,体会转化的数学思想方法。

(3) 会用相似三角形判定的预备定理进行简单的计算和证明。

2. 教学重难点

重点:相似三角形的有关概念、相似三角形判定的预备定理证明及其应用。

难点:相似三角形判定的预备定理的探索及证明。

3. 教学环境及准备

多媒体教学环境;学生要准备几何作图工具;教师准备课件、三角板、圆规。

4. 教学方法

教法选择:综合运用启发式教学法、谈话法、讲练结合法等。

学法指导:引导学生经历观察、比较、分析、归纳、猜想、验证和说理的全过程,积累数学学习和活动经验,体会问题研究的一般方法;指导学生学会从实物抽象出图形,学会从具体的研究对象中抽象出一般特征或规律,从而提高他们的概括能力和语言运用能力,养成会动手、善表达、肯动脑、有条理的良好学习习惯;通过设计变式问题,引导学生一题多解,发散思维。

5. 教学过程预设

(1) 回顾旧知,激活已有经验。

师:同学们看老师手中的直角三角板,你们手中有这样的三角板吗?这些三角板从形状上看,有什么关系?(板书:相似三角形的判定,三角形形状相同→相似三角形)

【设计意图】联系学生的生活学习实际,通过实物创设问题情境,用形状相同、大小不同的两个三角形来过渡,从而实现概念理解的感性到理性的自然升华。

(2) 类比相似多边形的定义,尝试给相似三角形下定义。

师:在前面我们学习了相似多边形的定义,你们还记得边数相同的两个多边形,对应角、对应边分别满足什么条件,这两个多边形就叫作相似多边形?你能类比相似多边形的定义,尝试给相似三角形下定义吗?

【设计意图】在师生对话中引导学生在已有的知识经验中建构新的概念,前面有实物的铺垫,到这里让学生尝试给相似三角形下定义,便于学生从感性认识——三角形形状相同,到理性认识——各对应角相等,对应边成比例,加深学生对定义的理解,为今后继续学习相似三角形的判定和性质奠定坚实的基础。

(3) 搭建自主学习平台,培养学生由"学会"到"会学",提高学习能力。利用跟踪练习,深化概念的理解和掌握。

请对照阅读提纲自主学习,阅读提纲如下:

① 会用数学语言(几何符号)表示两个三角形相似。

② 理解相似三角形的相似比的意义。

③ 理解全等三角形与相似三角形的关系。

【设计意图】概念的形成要注重引导学生感悟,学生是学习的中心和主体,教师要为学生创造用多样化的学习方式学习的机会,给学生自主建构、自我完善的机会。

(4) 跟踪练习,体验已有经验。

① 在 $\triangle ABC$ 和 $\triangle DEF$ 中,若 $\angle A=\angle D$, $\angle B=\angle E$, $\angle C=\angle F$,则 $\triangle ABC$ ____ $\triangle DEF$。

② 若 $\triangle ABC \backsim \triangle DEF$,则 $\angle A$ 的对应角是____,EF 的对应边是____。

③ 若 $\triangle ABC$ 与 $\triangle DEF$ 的相似比为 $1:2$,则 $\triangle DEF$ 与 $\triangle ABC$ 的相似比为____。

④ 全等三角形一定是相似三角形吗?相似三角形一定是全等三角形吗?

【设计意图】通过问题正面强化及有效练习深化学生对概念的理解和掌握,避免学生对概念的简单、机械的记忆,使学生能正确找到相似三角形的对应角、对应边。

(5) 经历观察、猜想、操作和说理的过程,探究预备定理。

要判定 $\triangle ABC \backsim \triangle ADE$,根据相似三角形的定义,必须有 $\angle A=\angle A$,$\angle B=\angle ADE$,$\angle C=\angle AED$。

提出问题:六个元素之间的关系都要找,比较麻烦,有没有比较简单的判定两个三角形相似的方法呢?

问题探究:我们来看下面一组图形(图 5.6~图 5.8):$\triangle ABC$ 中,$DE \parallel BC$,分别交 AB 于 D,交 AC 于 E。

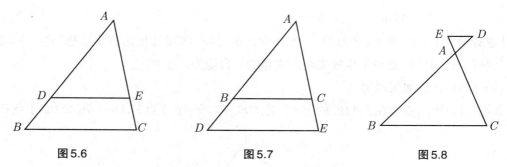

图 5.6　　　　　图 5.7　　　　　图 5.8

① 猜一猜：△ADE 与 △ABC 相似吗？

② 找一找：△ADE 与 △ABC 具备相似的条件。

③ 比一比：$\dfrac{AD}{AB}=\dfrac{AE}{AC}$ 是已有知识，$\dfrac{DE}{BC}$ 是平行线段之比，属于新知识。

关键：怎么得到 $\dfrac{DE}{BC}=\dfrac{AD}{AB}$ 或 $\dfrac{DE}{BC}=\dfrac{AE}{AC}$？

方法：将"平行线段之比"转化为"三角形边上的线段之比"（被平行线所截的）。

④ 搬一搬：怎么把 DE 搬到 BC 上？（引导学生先独立思考，然后再跟同伴讨论交流。教师参与、指导、及时调控交流活动）

⑤ 说一说：请学生集体交流怎么得到 $\dfrac{DE}{BC}=\dfrac{AD}{AB}$ 或 $\dfrac{DE}{BC}=\dfrac{AE}{AC}$。

⑥ 证一证：教师板书证明的过程，形成示范，以规范学生的证明书写。

【设计意图】在教学中，设计有效的探究活动，引导学生经历观察、猜测、验证和说理的探究过程，这是逐步感悟数学思想、积累数学活动经验的有效途径。数学活动经验必须在"做"和"思考"的过程中才能不断积累。预备定理的探究既是本节课的重点也是难点，观察、测量都会有误差，所以说理非常有必要，我们要有意识地培养说理的能力。

（6）回顾探究历程，归纳形成定理。进一步拓展推广定理，转化为具体的几何语言，明确定理的价值。

回顾探究历程：平行线 → 相似三角形。什么样的平行线？什么样的三角形？

师：你能用自己的话把你的发现说出来吗？请试一试。

引导学生分析，图 5.10 和图 5.11 中为什么 △ADE 与 △ABC 也相似（图 5.9～图 5.11）。

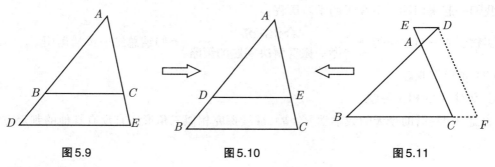

图 5.9　　　　　图 5.10　　　　　图 5.11

请体会转化的思想方法。

几何语言：∵ DE∥BC

∴ △ADE ∽ △ABC

【设计意图】 一图多变,多图归一,开拓学生的思维,体现转化的数学思想,进一步训练学生三种语言的转换,提高学生解决几何问题的综合能力。

(7) 及时巩固,加深理解。

如图5.12所示,点D在△ABC的边AB上,DE∥BC交AC于点E,DF∥AC交BC于点F。

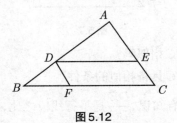

图5.12

① 图中有哪几个三角形与△ABC相似?

② 已知$AD=4$,$DB=2$,$DE=3$,求BC。

③ 判断下列比例式是否成立。

$$\frac{AD}{DB}=\frac{AE}{EC}$$

$$\frac{AD}{DB}=\frac{DE}{BF}$$

$$\frac{DF}{AC}=\frac{BF}{BC}$$

$$\frac{AE}{EC}=\frac{DE}{BC}$$

拓展:△ADE和△DBF相似吗?能用预备定理证明吗?

【设计意图】 本组题目是巩固预备定理的,通过练习,使学生学会在具体图形中寻找相似三角形,会进行简单的计算,同时让学生再一次辨认平行线"截"得的三角形是否与原三角形相似,进一步激发学生思考。如果光有预备定理并不能证明两个三角形相似,那么还需要其他的相似三角形的判定方法。

(8) 回顾梳理,归纳小结,学法指导。

我们一起来回顾一下今天的学习历程:

实物引入→自主学习→合作探究"搬一搬"(解决问题的策略)→归纳总结→灵活运用

(9) 布置作业。

① 课本上的相关习题。

② 思考题:借助今天的数学学习经验,继续探究相似三角形还有没有其他的判定方法。

6. 板书设计

相似三角形 对应角相等,对应边成比例的两个三角形。 定理:平行于三角形一边的直线与其他两边(或两边的延长线)相交,截得的三角形与原三角形相似。	相似三角形的判定探究:	练习

5.5.2 对"相似三角形(第一课时)"教学设计的分析

第一,教学目标的设计是不准确的。看起来教学目标分成了三段,似乎与三维教学目标相对应,但是,它缺少情感态度目标的设计。对于很多一线教师来说,知识技能和过程方法的认知目标是他们比较重视的,很大程度上是因为这些目标是可以以考试的形式对学生的学习进行评价的,但是,情感目标是无法在考试中体现出来的,因此教师对于这些目标往往不够重视。由此可见考试对于教师教学的影响。在前面我们曾经讨论过情感目标的重要性,因此,缺少情感目标的教学目标设计是不准确的,甚至是错误的。

第二,教学方法的设计是有问题的。该设计中的教学方法设计分成教法和学法两个部分。在前面的内容中,我们分析过这个问题,即教学方法本身就是教的方法和学的方法的合成。在数学课堂的任何活动中都既有教师教的活动也有学生学的活动,两者之间是相互配合的。因此,不应该将教学方法简单地分成教的方法和学的方法。将教学方法分成教法和学法的背后,是设计者对数学教学活动本质的不理解。另外,在教法选择中提出启发式教学法是不准确的。在前文中我们已经讨论过这个问题,启发式教学法是现在数学教学的基本思想,但它不是一种具体的教学方法。

第三,教学过程的设计基本上采用教师在课堂上的语言形式。这种设计与那种师生对话的形式的过程设计是相似的,但它没有给出学生的行为。这种设计的不足之处已经在前面的设计分析中给出。

第四,教学设计中处理定理不是非常清晰。教师可以直接告诉学生如果三角形一边的平行线截两边所得到的三角形与原三角形相似,然后启发学生进行证明。这样的教学设计就比较清楚了。

第五,给出了板书设计,并且设计得非常合理,这是值得提倡的做法。

请读者根据以上分析对该教学设计进行修改。

5.6 新授课的教学设计分析

概念教学与命题教学的教学内容是新的知识,因此可以将它们合称为新授课。前面介绍的概念教学和命题教学是基于这样的假设,即在一节课中只涉及一个概念或者一个命题。显然,在很多情况下并不是这样,即在一节课的教学设计中既有概念教学的设计也有命题教学的设计。在这样一节课的教学设计中,概念的教学一般不能采用概念形成的教学设计方式,同时,命题的教学一般也不能采用从例子到命题的教学设计方式,因为这两种方式都需要花费很多时间。可以采用的教学设计模式是如下三种:概念形成+从命题到例子、概念同化+从命题到例子、概念同化+从例子到命题。当然,如设计者即教师希望将概念的教学设计成概念形成的方式,或者将命题的教学设计成从例子到命题的方式,那么一定不能按照严格意义上的概念形成和从命题到例子的方法进行设计和教学,毕竟课堂教学的时间是固定的。

在前面我们已经介绍了新授课教学的四个基本的设计方式,即概念形成、概念同化、从例子到命题和从命题到例子,实际上,根据它们所具有的特点,可以将它们分成两组,其中概念形成和从例子到命题作为一组(第一组),而将概念同化和从命题到例子作为另一组(第二组)。第一组有一个明显的特点:新知识是学生在教师的帮助下通过自主探究而获得的,具有数学再创造的特点。第二组则是教师告诉学生新知识是什么,学生同样是接受了其未知的知识。从教学方法上看,它们分别具有探究和接受的特点。就我国来说,在新课改之前,数学知识的学习基本上都具有接受学习的特征,只是在课改之后,由于强调了创新意识的培养和让学生体验知识的形成过程,数学教学中才开始强调知识的再创造。在这样的背景下,一些人产生了这样的认识,即只有再创造数学知识的教学才是好的教学方式,而接受性的教学则是落后的教学。这样的认识是不正确的。今天我们强调在数学教学中培养学生的创新意识和能力,很大程度上是因为我们今天所处的是一个需要个体具有创造力的社会。尽管如此,接受他人告诉我们新的知识,仍然是一个社会人基本的学习方式。从这个角度来看,第一组教学设计方式和第二组教学设计方式都是合理的,相应的数学课堂教学也都是正确的,我们甚至不能简单地说第一组设计比第二组设计好。当然,如果我们的着眼点是培养学生的创造力,那么第一组就可以说是比第二组更合适的教学设计方式。

第二组教学设计方式有一个明显的长处是它更有效率。如果采用第一组的设计方式,那么在教学中,学生将会在教师的帮助下花费很多的时间进行探讨,而第二组的设计所进行的教学,这些探讨的时间完全可以省去,因为教师会直接告诉学生新的知识是什么。学校教育的基本思想是将青少年集中起来,通过教师,将人类积累起来的知识的基本部分在短时间内传授给他们。因而,学校教育要求具有很高的效率。显然,如果每个数学知识都让学生进行再创造,那么从效率的角度来看是不可行的,其实这也是没有必要的。我们要培养学生的创新意识和能力,让学生体验数学知识的形成过程,只需要选择一些典型的概念和命题来让学生再创造就可以了。因此,对于大部分数学知识来说,应该进行的课堂教学是基于第二组的教学设计的教学。

曾有人将数学教学的目的分成三个层次,即理解、应用和欣赏,这样的分层虽然有些问题,但也是很有道理的。理解应该是数学学习的基本要求,对于任何数学知识,如果不能理解,那么这样的知识应该是没有用的。没有对数学知识的理解,就谈不上能应用它们,当然更不能喜欢它们。我们看到,无论是第一组教学设计还是第二组教学设计,其实它们都有一个共同点,即都有一个环节是理解新知识,也就是说,无论根据哪种教学设计进行新知识教学,都能使学生理解新知识。因此,如果从理解知识的角度来看,这两组教学设计方式都是合理的。

数学是思维的学科。数学教学的重要目的是促进学生思维的发展,而这是通过数学活动实现的。无论是概念教学还是命题教学,让学生理解新知识固然重要,而要在教学活动中促进学生的思维发展也是非常重要的。当然,不同的教学活动在促进学生思维发展上的作用也是不同的。第一组教学设计要求学生能够运用各种思维,如分析、比较、抽象等,而第二组教学设计对学生的思维并没有这些要求。当然,并不是说第二组教学设计并不需要学生的数学思维,而是比起第一组教学设计来说,第二组教学设计在课堂教学中学生的数学思维要简单得多。因此,从培养学生的数学思维能力上说,第一组教学设计比第二组教学设计好。

通过以上比较,我们看到,第一组和第二组教学设计既各有所长,也各有不足。不能简单地说哪种教学设计好或哪种教学设计不好。

习题

1. 比较从例子到命题和从命题到例子两种命题设计方式。
2. 请任选一节中学数学命题教学的内容进行从例子到命题的教学设计。
3. 请任选一节中学数学命题教学的内容进行从命题到例子的教学设计。

课外阅读材料

[1] 萧文强. 数学证明[M]. 大连:大连理工大学出版社,2016.
[2] 许品方,陈宗荣. 数学猜想与发现[M]. 北京:科学出版社,2012.
[3] 吴振奎. 中学数学证明方法[M]. 哈尔滨:哈尔滨工业大学出版社,2012.

第6章 数学习题课的教学设计

做数学习题是学生在学习数学中最常做的事情,它在数学课程目标的实现和学生自身的数学发展中都扮演着重要的角色。在今天的数学学习中,不但要继续重视传统的数学习题,还应重视数学问题。数学习题课的教学设计和教学一直是数学教师非常关注的事情。

本章将对数学习题这个概念进行新的理解,即它既包括传统的数学习题也包括数学问题(即扩展了传统的数学习题概念),并在此基础上介绍数学习题课的教学设计方法。通过本章的学习,读者应该对数学习题的本质、数学习题的价值以及数学问题的内涵有更为清楚的认识,并且能够进行数学习题课的教学设计。

6.1 传统的数学习题

数学习题在数学教学中具有十分特殊的地位。做数学习题是实现数学教学目的的基本途径。中外数学教材有许多不同之处,但有一点是一致的,那就是其中包含大量的数学习题。

什么是数学习题?传统上对数学习题的认识是这样的:由若干条件组成,学生从这些条件出发,运用推理或(和)计算等方法,得到结论。也就是说,数学习题是由两部分组成的,即条件和结论,学生要做的就是从条件出发得到结论。解数学习题的本质就是运用适当的方法将条件和结论连接起来的过程。因而,数学方法在解数学习题中是极为重要的。打个不太恰当的比方,数学习题中的条件相当于在河的一边,结论相当于在河的另一边,那么数学方法就相当于过河的船。如果找到了船,那么过河的问题就可以解决了。这里与其说是过河,不如说是找船。因此,解数学习题就是要找到解题的数学方法。

在数学教学中,学生要做例题和课堂练习来促进他们对知识点的理解,在课后要做课外作业来让他们进一步巩固所学的知识,考试也是通过让学生做各种数学习题从而对他们的数学学习进行评价。可见,做数学习题在数学教学中是不可或缺的。甚至可以更恰当地说,做数学习题本身就是数学学习的一部分,通过做数学习题从而有助于实现数学教学目标。

做数学习题与实现教学目标之间有很密切的关系。通过做数学习题,可以让学生进一步理解知识,掌握相关的技能;通过做数学习题,可以让学生更好地掌握数学思想和方法,更好地形成各种数学能力;通过做数学习题,可以让学生对数学有更好的认识,可以培养学生良好的个性与品质。可见,做数学习题对于数学教学目标的知识与技能、过程与方法以及情感态度与价值观都会产生影响。

传统的数学习题都具有非常完美的特点,这主要表现在:其一,条件完全满足解题的要求,即条件不多也不少。习惯于做传统习题的学生都非常清楚,习题中的任何条件都一定是有用的,如果在解题过程中没有用到其中任何一个条件而将题目解了出来,那么这个解题方法很有可能是错误的。其二,结论是非常明确的,即题目非常明确地告诉你求解什么或求证什么,没有任何含糊之处。如求证图形中的两条线段相等,或求出父亲比儿子大多少岁。所有的条件都是为了一个确定的目标而服务的。其三,解题所要求的方法是已知的,即方法一定是已经学习过了的。可能是直接运用学过的方法,也可能是将已经学过的方法用在一个新的情境中,但无论如何,方法本身不是未知的。简单地说,解习题所涉及的条件、结论和方法都是已知的和明确的。

以上列出的传统数学习题的这些完美的特点似乎意味着解这样的数学题是相当简单的,但事实上并非如此。数学习题是否传统与其难易程度并没有什么关系。数学习题是否简单与解题者即学生自身有关,同样的习题对于不同的学生来说难度是不同的。题目中虽然条件是正好够用的,但是学生能否理解题意是不一定的(特别是文字题或应用题)。如果学生不能很好地理解题意,那么他就可能找不到题目所给出的条件。虽然学生已经学习过解决该题所需要的数学方法,但如果他根本就没有掌握这种方法,那么也就不可能运用该方法解出该题,或者解决该题需要学生灵活地甚至创造性地运用学过的数学方法,但如果学生不能灵活地甚至创造性地运用该方法,当然也就无法解出该题。解数学习题需要运用已经学过的知识和技能,如果学生对于这些学过的知识和技能不能掌握,那么也同样无法解出该题。这样,我们就能够理解,尽管是一道传统数学习题如高考数学中的某一题,但是它对于大多数学生来说是非常难的。简单地说,数学习题虽然是很完美的,但从难度上说却既可能是非常简单的也可能是非常难的。

数学教学中的所有师生行为都是为了实现数学课程目标或数学教学目标,在传统的数学教学中,数学习题所具有的功能与数学教学目标是适应的,即知识技能、思想方法以及一些数学能力等,因此,在传统的数学教学中,数学习题对于学生的数学学习是必要的也是充分的。但是,时代在变化,数学课程的目标也在改变,在今天的数学课程中,传统的数学习题在功能上就显现出一些不足之处,这就需要对数学习题进行变革以适应新的要求。

6.2 对数学习题概念的扩展

传统的数学习题尽管可能有很大的难度,但是它是很完美的。自20世纪80年代开始,数学教育界就提出了这样的观点,即在这样飞速发展且有着太多不确定因素的社会里,不但应该让学生处理常规的数学习题,也应该让学生解决那些非常规的、没有现成方法去解决的问题。如今,在我们的日常生活及各行各业中,存在着大量的常规问题,也存在着许多非常规的问题。常规问题的解决并非没有意义,不过,非常规问题的解决对于促进社会发展可能更有意义。而在数学教学中,非常规问题的解决也会对学生的发展具有重要的意义。

数学问题、数学习题和数学题这几个词在我国的数学教师口中并没有严格的区分,但在英文中是用不同的单词来表示的,数学习题的"习题"用"exercise"表示,数学问题中的"问题"用"problem"来表示。数学问题是指那些没有现成方法可以解决的数学题,而我们经常所说的问题解决(problem-solving)就是指解决数学问题的过程。无论什么数学题,只有找到解题的数学方法才能解决,这就使数学问题的解决相当困难。由于师生对于数学习题一词比较熟悉,因此,为了方便,我们将数学问题也归结到数学习题中,也就是将传统的数学习题概念加以扩展,使其包括传统的数学习题也包括现代的数学问题。其中传统的数学习题称为常规数学习题,而数学问题称为非常规数学习题,二者的区别在于前者有现成的方法,而后者没有。无论是常规数学习题还是非常规数学习题,它们的条件都是正好的,结论也都是明确的。

传统的数学习题即常规数学习题具有封闭性。这种封闭性主要表现在条件的正好和结论的明确上。如果数学习题不具有封闭性,那么它就会呈现如下两种情况:一是条件的不封闭,这主要表现为条件的不足,需要学生补充一定的条件才能解出所要求的结果;二是结论的不封闭,即给出一定的条件(情境),让学生提出要解决的问题,这就是所谓的提出问题(problem-posing)。无论是以上哪种情况,对于学生的数学知识能力及思维都提出了不同于解传统习题的更高的要求。我们将这些不具有封闭性的数学题也纳入数学习题的范围中。

这样,我们已经将数学习题的范畴进行了较大的扩展。数学习题既包括常规数学习题也包括非常规数学习题,还包括非封闭的数学习题,可以用图6.1表示数学习题。

$$
\text{数学习题}\begin{cases} \text{传统的数学习题(常规数学习题)} \\ \text{数学问题(非常规数学习题)} \\ \text{开放的数学习题}\begin{cases} \text{条件开放的数学习题} \\ \text{结论开放的数学习题} \end{cases} \end{cases}
$$

图6.1　数学习题的分类

无论是哪一类数学习题,它们对于学生的数学学习都是有意义的,都可以促进数学课程目标的实现,因而,在今天的数学教学中这些都应该成为学生解题的对象。但在今天的实际数学教学中,数学问题和开放的数学习题还是很少见的,这也是当前数学教学的不足之处。

6.3　数学习题的解决

因为传统的数学习题在概念上已经得到了很大的扩展,因此,当说到数学习题时,其意义不再是指传统的数学习题,而是我们扩展后的数学习题。以下要讨论的是各种数学习题解决的问题。

6.3.1 传统数学习题的解决

传统的数学习题是学生遇到的最多的习题种类,因此,提高学生解决这类习题的能力仍然是很有必要的。实际上,学生的数学解题能力是与多种因素相关的。首先,学生需要对题目相关的知识有很好的理解。一个综合性的习题往往会涉及多个知识,不能很好地理解这些知识,正确地解题就不大可能。实际上,知识的理解和解题实践之间有相互作用的关系。知识理解得越好,解题也就越顺利,而通过解题也可以促进学生的知识理解。其次,学生需要很好地掌握数学方法。数学方法实际上就是解答数学题的途径,没有掌握好数学方法,正确地解题也是不可能的。当然,学生理解题意的能力也是很重要的,特别是对于文字题更是如此。如果一个学生有阅读障碍的话,那么他的解题能力一定非常有限。

除了以上条件之外,数学解题还需要一定的方法(值得注意的是,解题方法与解题的数学方法是两个不同的概念)。这方面并没有引起数学教师的充分重视,在教学中往往并没有有意识地教学生数学解题方法。数学解题方法是数学学习方法的重要成分,而对于数学学习方法的重要性很多教师也是比较忽视的,但是《义务教育数学课程标准(2011年)》中强调了这一点,"要注重培养学生良好的数学学习习惯,使学生掌握恰当的数学学习方法"。有些教师甚至不认为数学解题方法重要,认为只要很好地理解数学知识和方法,解题就是一件自然而然的事情。

对数学解题方法的研究,到目前为止,影响力最大的当属美籍匈牙利数学家波利亚(Polya,1887~1985)(图6.2)。在其著作《怎样解题》中,他给出了解数学习题的一套方法,即所谓的解题表或解题程序图(图6.3)。《怎样解题》已经成为数学教育领域的经典书籍,几乎所有国家都有该书的译本发行。

图6.2 波利亚

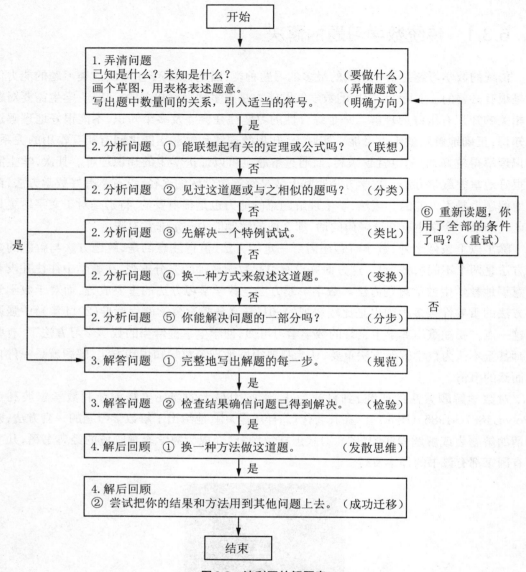

图6.3 波利亚的解题表

在这个解题表中,波利亚将整个解题分成四个阶段,它们分别是弄清问题、分析问题、解答问题和解后回顾。波利亚并不是要告诉学生如何去解题,而是在每个阶段,波利亚提出了一些启发性的问题启发学生如何去处理面临的问题,因而,波利亚的解题方法被称为启发法。

在弄清问题环节中,波利亚提出了这样几个建议:"已知是什么?未知是什么?""画个草图,用表格表述题意""写出题中数量间的关系,引入适当的符号"。这三个建议都是在让解题者设法把题目搞清楚。其中,第一个建议比较简单,因为在一道数学习题中已知和未知是什么是很容易看出来的。第二个建议则比较重要,因为将题目用图或表格画出来,实际上也就是用直观的形式对题目进行表征,这样便于更好地理解题意。第三个建议也很重要,写出了题中的数量间的关系也就理解了题目条件之间的联系,实际上也就更清楚地理解了题意,而引入适当的符号是用符号表示题目中的量,也就能用符号表示题目中的已知和未知的关系,这也是更好地理解题意。简单地说,这里的三个建议从各个不同的方面在进一步理解题意。在实际的数学解题中,教师往往告诉学生要把题意搞清楚,而搞清楚题意的主要途径是对题目本身进行理解,这是不够的。

分析问题环节在波利亚的解题表中处于最重要的部分。在该环节中,波利亚提出了五个建议。第一个建议是"能联想起有关的定理或公式吗?"。当一个定理或公式在表述上与题目相关时,这个定理或公式可能会在解题中发挥重要的作用。例如,当题目中有直角三角形的边长时勾股定理可能会发挥重要的作用,当题目中有两条线段平行时平行线的性质可能会在解题中有用。因此,这是一个非常好的建议。第二个建议是"见过这道题或与之相似的题吗?"。相似的问题在解决时有很大可能是用相似或相同的方法,因此,如果在这之前解决过与当前题目类似的题目,那么用解类似题目的方法来进行尝试是一个不错的选择。这实际上是一种解题方法的类比。我们经常说非逻辑推理在数学学习中有重要的作用,这种解题上的类比显然就可以看成是一种这样的作用。第三个建议是"先解决一个特例试试"。在不能直接得到解题方法的情况下,试试一个题目的特例有可能在其启发下找到一般的方法。先解特例实际上是一个非常有效的解题策略,这个策略一般称为特殊化的策略。当然与之相反的一个策略即一般化的策略在解题时有时也可能有效。这种一般化的策略是针对一个特殊化的问题,有可能解决了相应的一般化问题,这个特殊的问题自然也就可以解决了。第四个建议是"换一种方式来叙述这道题"。有些问题如果直接进行解答可能并不容易,但是如果我们对题目用另一种方式进行表征,可能会更容易看出题目中条件之间的内在关系,从而找到解题的方法。例如,如果一个代数题不好解的话,那么可以试试用几何来表征题目,也许就能找到解题的方法。也就是说,直接解决这个问题可能不容易,但是如果从另外一个角度来理解这个问题,也许就可以找到解题的方法。第五个建议是"你能解决问题的一部分吗?"。有些问题是比较复杂的,可以先解决其中一部分,通过这一部分的解决看看是否可以受到启发找到其他部分的解决方法。以上可以看出,这五个建议的采用都是为了使解题者找出解决问题的方法,一般来说,这些建议可以在很大程度上保证解题者找出解决问题的方法。如果用了这些建议还是找不到解决的方法,那么就应该回到第一个环节中重新读题,看看是不是没有用到全部的条件。

在解答问题这个看起来已经不重要的环节中,波利亚还是给出了两个建议。第一个建议是"完整地写出解题的每一步"。因为,在分析问题的环节中通过尝试不同的建议,解题者已经找到了解题的方法,对于解题者来说,最重要的工作实际上已经完成。他要做的是运用找到的数学方法,将题目的条件和结论之间连接起来。完整地写出解题的每一步对于学生来说是基本的解题规范。第二个建议是"检查结果确定问题已得到解决"。这个建议是为了保证解题过程和结论没有错误。当解题过程较长,对过程进行检查就很有必要了。而结论的检验也是必要的。结论的检验可以包括数学的检验和实际的检验。数学的检验是指验证所得到的结果在数学上是不是正确的,例如,解方程后将所得到的解代入原方程中看看两边是不是相等,如果相等,则说明解的结果是正确的,如果不相等,则说明解的结果是不正确的。实际的检验适用于解决具有实际背景的问题。有可能方程的解虽然是正确的,但这样的解并没有实际意义。例如,方程的解是负数或小数,而方程的解代表的是人数,显然这样的解就没有实际意义。

解后回顾是最后一个环节,从重要性上看该环节绝不能被忽视。但在实际的解题中,无论是教师还是学生往往都没有充分地认识到这一部分的重要性。例如,一道应用题,学生列出一个方程求解,在解后进行数学和实际的检验,最终得到解,这样解题就结束了。教师在讲这样的例题时一般也是这样处理的。在这个环节中,波利亚给出了两个建议。第一个建议是"换一种方法做这道题"。很多数学题都可以用不同的方法加以解决,不同的解题方法意味着学生需要从不同的角度来理解题目及相关的知识,如果能用不同的方法解题,则说明学生对相关知识及其之间的关系有了更深刻的理解。因此,用不同的方法解决一个问题在教学上是很有价值的,这在数学上也是一种常态。一个数学家证明了一个数学猜想后,往往其他数学家也会设法从不同的角度对该定理重新进行证明,当某个定理非常重要时情况则更是如此,数学家们这样做的目的其实就是通过定理的重新证明发现数学中的更多联系。第二个建议是"尝试把你的方法和结果用到其他问题上去"。如果说第一个建议是让学生用不同的方法来解一道题,那么第二个建议则是用同样的方法解不同的问题,这是从另一个角度来扩展解题的成果,即将解这一题的方法或结果加以运用,这也就使得这一道题的解题意义不限于这道题本身,而是通过运用使其方法和结果发挥更大的作用。从以上分析可知,最后一个环节对于学生的数学学习的意义并不亚于前面几个环节。

至此,可以看出,波利亚的解题启发法是非常有价值的,它对于提高学生的数学解题能力是能够发挥重要作用的,该启发法能够产生如此大的影响并不是没有道理的。

6.3.2 非常规数学习题的解决

对于没有现成方法解决的数学问题或非常规数学习题,学生在解决时自然不像解决常规数学习题那样方便。只要是解数学习题,无论是常规的还是非常规的,数学方法都是关键,一旦缺少了方法,对学生来说,这样的数学习题就成了真正的问题。那么,当学生面临着这样的情境时,该怎么办呢?

解决非常规数学习题时,学生首先要运用一定的策略,通过运用这些策略,找到恰当的数学方法,最终解出数学问题。因此,学生掌握常用的数学策略就变得非常关键。以下先介绍几个常用的数学策略。

1. 化归策略

化归策略是指当面临一个无法解决的问题时,设法将这个问题转化成另一个问题,而这个问题可以运用一定的方法加以解决。实际上,这也可以看成是化归数学思想在解决数学问题中的运用。在解决非常规数学习题中运用化归策略本质上就是通过化归找到解题方法。

例:已知正数 x,y,z 满足以下方程组,求 z。

$$\begin{cases} x+y=13 \\ y^2+z^2-yz=25 \\ z^2+x^2+xz=144 \end{cases}$$

分析：这一题是一个三元二次方程组，如果用现有的解方程的方法去解则难以解出。观察这三个方程，发现后两个方程与余弦定理在结构上非常接近，可以将之化成：

$$25 = y^2 + z^2 - 2yz\cos 60°$$
$$144 = z^2 + x^2 - 2xz\cos 120°$$

再考虑第一个方程，这样可以将原问题转化成如下的几何问题(图6.4)：

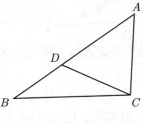

图6.4

如图6.4所示，$AB=13$，AD,DB,CD 的长分别为 x,y,z，$\angle ADC=60°$，求 x,y,z。利用三角函数的知识和相应的方法，本题可以容易地解出。

2. 特殊化策略

特殊化策略是指当面临的问题没有解决方法时，可以首先考虑特殊情况，从而可能会有助于发现解决问题的方法。运用特殊化策略的实质是通过特殊情况找到解题的方法。

例：如图 6.5 所示，弦 AB,CD 相交于 M，且 $AB \perp CD$。求证：$AM^2 + BM^2 + CM^2 + DM^2$ 为定值。

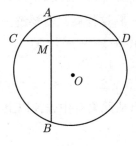

图6.5

分析：本题中，M 点具有任意性，即该点实际上可以为圆内的任意一点。要证明四个线段长的平方和为一定值，但为什么样的定值并不清楚，这使得证明没有目标从而也就没有方法。选择 M 点为圆心 O，那么就可以看出定值为半径平方的4倍或直径的平方，这样就可以找到证明的方法了。

3. 一般化策略

一般化策略与特殊化策略相反。在有的情况下，题目所要求的解是具体的，但难以找出方法,这时如果能解决一般的情况,而题目所要求的只是这种一般情况下的某个特殊情形,那么问题也就得到了解决。

例:求证 $25^{49} > 49!$

分析:这是一个具体数值比较的不等式证明,很难找到证明的方法。但观察数字之间的关系可以发现它是一般化问题:求证 $\left(\dfrac{n+1}{2}\right)^n > n!$ $(n \in \mathbf{N})$,当 $n=49$ 时的特殊情况。如果能够证明这样一个一般化问题,那么也就证明了原问题。而要证明这个一般化问题,只需要用到一个著名的不等式(算术平均大于几何平均)即

$$\frac{1+2+\cdots+n}{n} > \sqrt[n]{1 \cdot 2 \cdot 3 \cdots \cdot n}$$

不等式证明中称这种运用著名不等式进行证明的方法叫运用著名不等式法。

4. 逆向策略

解题时我们通常是从正向进行思考的。但有时候,如果能从反向进行思考会容易找到解决问题的方法,这就是逆向策略,即逆向策略是通过反向思考问题从而找到解决方法的策略。如果用集合的语言来理解那就是:全集我们知道,但现在我们要求集合 A,而集合 A 不容易求。如果我们能求出 A 的补集,实际上我们也就求出了集合 A。

例:解不等式 $\sqrt{15+2x-x^2} \geqslant x-1$。

分析:如果正面求解本题,则需要解两个不等式组,即

$$\begin{cases} 15+2x-x^2 \geqslant 0 \\ x-1 \geqslant 0 \\ 15+2x-x^2 \geqslant (x-1)^2 \end{cases} \quad 或 \quad \begin{cases} 15+2x-x^2 \geqslant 0 \\ x-1 \leqslant 0 \end{cases}$$

这样的解法异常繁琐(繁琐意味着难以解决或容易发生错误),如果从反面进行思考,可以先解不等式 $\sqrt{15+2x-x^2} < x-1$,这样就只需要解一个不等式组:

$$\begin{cases} 15+2x-x^2 \geqslant 0 \\ x-1 \geqslant 0 \\ 15+2x-x^2 < (x-1)^2 \end{cases}$$

解出以上不等式组的解集后,再从原集合中去掉以上不等式组的解集即可。

5. 整体性策略

通常我们在解题时会从部分出发,采用各个击破的方式。而整体性策略是指从整体上把握问题,从中找出解决问题的捷径或方法。

例:设 $A+B+C=\pi$,证明:$\sin^2 B + \sin^2 C - 2\sin B \sin C \cos A = \sin^2 A$。

分析:这一题的常规解法是从 $\angle A$ 出发,将左边的 $\cos A$ 和右边的 $\sin A$ 都换成 B 和 C 的三角函数,然后根据三角函数的有关公式证明两边相等,这种方法是相当复杂的。从整体出发,可以设 $x=\sin^2 B+\sin^2 C-2\sin B\sin C\cos A$,同时设 $y=\cos^2 B+\cos^2 C+2\cos B\cos C\cos A$,通过计算出 $x+y$ 和 $x-y$ 即可方便地得到 $x=\sin^2 A$。

以上介绍了五个常用的解决问题的策略,当然解决问题的策略远不止这五个。从这些策略的介绍可以看出,运用这些策略的目的就是要将原来的非常规数学习题变成常规数学习题,而常规数学习题意味着可以找到解题的数学方法,一旦数学方法找到了,常规数学习题就能得到解决,而相应的非常规数学习题也就得到了解决。教师在教学中要让学生逐步掌握各种不同的解题策略,这样他们就可以解决非常规数学习题。当然,学生在进行问题解决时,实际上是进行各种策略的尝试,而不是某个数学问题就一定可以运用特定的策略解决。因此,学生尝试策略的过程也是一个发散思维的过程。问题解决可以培养学生的数学创造力,其道理就在这里。

$$常规数学习题 \xrightarrow{数学方法} 求解$$

$$非常规数学习题 \xrightarrow{策略} 常规数学习题 \xrightarrow{数学方法} 求解$$

6.3.3 问题提出

　　问题提出是指教师设置一定的情境(条件),要求学生根据所给的条件提出数学问题。可见,问题提出实际上是将传统的学生解出数学题的结论扩展到了提出结论,它所对应的是在现实世界中我们不只是要解决现成的问题而是要能够提出要解决的问题。它与问题解决实际上可以看成是从两个不同的方向对传统的数学习题的扩展。它与传统的解数学习题的不同之处在于后者同时给出了要求得到的结论,而问题提出只有条件没有结论。由于一定的条件未必对应唯一的结论,有时同样的条件会得到很多结论,因而让学生提出问题实际上也可以很好地培养学生的发散思维能力。举个最简单的例子。"小明有10元钱,小芳有5元钱",从这个条件出发,显然可以提出很多问题。如"小明和小芳共有多少钱?""小明比小芳多多少钱?""小芳比小明少多少钱?""小明的钱是小芳的钱的几倍?""小芳的钱是小明的钱的几分之几?""小明给小芳多少钱,他们的钱就一样多了?"等等。

　　实际上,问题提出除了可以培养学生的发散思维能力,也有助于他们对数学知识的理解,从上例来看,能够提出"小明和小芳共有多少钱?"说明了学生对于加法有很好的理解。既然问题提出有如此重要的价值,那么在教学中教师应该让学生有机会进行问题提出,可以在教学中提供机会让学生先提出问题再解决问题。教师要认识到问题提出的重要性,有意识地在教学设计中设计一些问题提出的环节。实际上,设计问题、提出问题并不困难,教材中许多习题通过适当的改编就可以成为这样的问题。

　　事实上,包括我国数学课程标准在内的许多国家的数学课程标准都将培养学生提出问题的能力作为课程目标之一,之所以这样,是因为各国都意识到学生提出问题的重要性(实际上各门学科都应该培养学生提出问题的意识和能力,当学生有了提出问题的意识,在今后的学习和工作中就会主动地提出问题)。既然将培养学生提出问题的能力作为课程目标之一,那么有意识地培养学生该能力是一方面,对学生提出问题的能力进行评价又是另一方面。对学生提出问题的能力的评价可以从他们提出问题的表现看出,这又可以分成量和质两个方面。第一个方面是量,也就是从确定的条件出发能否尽可能多地提出数学问题。第二个方面是质,也就是从确定的条件出发能否提出需要更多数学知识和方法才能解决的问题。为简单计,下面再举一个面向小学六年级的例子。

六(1)班有男生25人,女生20人,根据以上条件提出问题。

问题1:全班共有多少学生?

问题2:男生比女生多多少人?

问题3:女生比男生少多少人?

问题4:男生人数是女生人数的多少倍?

问题5:女生人数是男生人数的多少倍?

问题6:男生人数占全班人数的百分之几?

问题7:女生人数占全班人数的百分之几?

问题8:如果每排坐9人,那么要坐多少排?

问题9:如果男女生站成一排,有多少种不同的站法?

可以分析一下上面这9个问题。前面5个问题是第一个层次,接着的3个问题是第二个层次,最后1个问题是第三个层次。第一个层次所用的知识和方法最简单,即一步的加减乘除运算。第二个层次的难度要稍大,解答要同时用到加法和除法,如果分步运算的话则要两步才能完成。第三个层次要用到排列组合的知识才能解答。当然,对于小学六年级的学生来说,现有的知识和方法是不可能解出该问题的。从评价上说,能提出第一个层次和第二个层次问题的学生提出问题的能力就高于只提出第一个层次问题的学生,而能同时提出三个层次问题的学生,其提出问题的能力则高于只提出第一个层次和第二个层次问题的学生。通过这个例子还可以看出,学生可能提出某个数学问题,却无法解出该问题。但对于学生来说,能提出问题也是非常重要的。这与数学领域的情况类似。数学家提出数学猜想但未必就能证明所提出的猜想,如哥德巴赫提出了著名的哥德巴赫猜想,但他自己不能进行证明。不仅如此,几百年来许多数学家都不能给出证明,可是能提出这么好的数学猜想仍然能说明哥德巴赫是了不起的。

数学教学中问题提出是如此重要,但在实际数学教学中,问题提出仍然被教师严重忽视。一般来说,教学设计中教师没有设计与问题提出相关的活动,从而在课堂教学中学生没有机会提出问题。教师在对学生的数学评价(如日常的形成性评价和期中、期末考试的终结性评价)中,也没有明确的对学生问题提出能力的评价。这种现象与数学课堂标准是相违背的,应该尽快得到改变。

6.4 数学习题课的教学设计

学生有很多机会做数学习题(值得注意的是,现在所说的数学习题已经不再是传统意义上的数学习题了),课内的例题和课堂练习以及课外的作业,使学生会做大量的数学习题。那为什么还要上数学习题课呢?因此,教师首先要确定数学习题课的目的。

实际上,学生课内、课外所做的数学习题很大程度上是为了进一步理解上课所学的知识以及进一步熟悉应该掌握的数学技能,作为数学习题,其还有更多功能需要实现,数学习题课的安排正是为了实现这些功能或是为了更好地实现数学课程目标。那么,数学习题课能够实现哪些目标呢?下面将列举五个。

第一,数学思想方法对于数学学习来说是极为重要的。如果学生对数学思想方法有很好的掌握,那么对于数学的理解以及解数学题的能力等都会极有益处。正因如此,数学课程目标中就有对数学思想方法掌握的明确要求。如果教师在一段教学后,安排一节习题课来帮助学生进一步掌握这一段教学内容中出现的思想方法,将可以使学生很好地掌握它们,这样的习题课可以称为数学思想方法习题课。

第二,应用数学知识解决实际问题是数学课程目标所提出的学生应该具有的重要能力。由于平时的练习可能并不注重应用问题,因此,在一段教学之后,特别是涉及一些有重要应用价值的数学内容之后,安排一节应用的习题课,有意识地训练学生的应用数学能力是非常必要的,这样的习题课可以称为应用数学习题课。

第三,提升学生的数学解题能力是数学学习非常重要的方面。平时所做的习题主要是为了理解所学的知识,因而从难度上说都是比较简单的。显然,提升学生的数学解题能力需要让学生解决的不是简单的习题,而是有相当难度的习题。当然,做有一定难度的习题,不但能提升学生的解题能力,同时也有助于更好地达成课程目标,如使学生更好地理解知识、提升学生的思维等能力,这样的习题课可以称为提升解题能力的习题课。

第四,由于各种可能的原因,特别是内容的难度较高和教学上的问题,学生往往在应用数学时会产生一些典型的错误,这些错误往往会表现在学生的作业中。典型的错误可能是由于对某个概念的不理解造成的,也可能是由于某个数学方法的不正确运用造成的。一些教师在批改作业时会将这些典型的错误记录下来,根据这些错误来设计习题课,希望通过习题课使学生认识到这些错误的根源,从而在以后的习题中避免这些错误,这样的习题课可以称为典型错误习题课。

第五,培养学生的数学创造力(或者说培养学生的创新意识和能力)既是数学教学的重要目标,也是通过做数学习题所能实现的结果之一。教师可以安排一节侧重于培养学生数学创造力的习题课,设计一些与当前数学内容相关的提出问题和解决问题的习题,借此来培养学生的创新意识和能力。

以上我们列出了五个需要上数学习题课的原因,很显然,除了以上这几种,实际上教师完全可以根据教学的需要来安排其他的习题课。当然,教师上习题课可能是基于不同的原因,即综合的原因,如既让学生更好地掌握数学思想方法也提升学生的解题能力,或者既培养学生提出问题的能力也培养学生解决问题的能力。但不管如何,教师在准备数学习题课时,都应该具有明确的目标,这是非常重要的,否则就会出现为上习题课而上习题课的现象。我们认为只要是有助于更好地实现数学课程目标的习题课都是好的习题课。

在确定习题课的教学目标之后,教学设计的最重要的部分自然是习题的设计。习题的设计大致上有三种方式:选择、改编和创造。所谓选择是指教师根据习题课的教学目标从课本或习题册上直接选择相应的数学习题,改编是指教师根据习题课的教学目标在课本或习题册上选择数学习题后进行改编,如更改条件或结论,创造则是指教师根据习题课的教学目标完全创造出新的习题。显然,创造是最困难的,教师一般可以采用选择和改编的方式来设计习题。当然,和其他课型的教学设计一样,教师也需要考虑到学生的情况,应该使习题的难度总体上在一般学生的最近发展区内,也要考虑到成绩很好和成绩较差的学生,让这些学生有题可做。一般来说,习题课中的习题不宜过多,数道即可。上习题课不是让学生大量地做题,而是通过做题来实现一定的目的,因此,设计的习题应该是有典型意义的和有代表性的。

习题课的实施不是像一些教师处理的那样,即简单地让学生做一些习题然后进行订正。作为数学课,在习题课的设计中教师也要注意教学方法的运用。在教学过程的设计中,教师也要注意教学活动的设计。我们可以简单地说,习题课中最主要的教学方法是练习法,但在教学过程中并不只有学生的练习,教师也同样发挥了重要的作用,而且师生互动也是不可缺少的。在习题课的教学过程中,教师的启发与引导仍然是关键。也就是说,对于习题课中教师给出的习题,首先由学生自己努力去完成,如果出现了困难,那么教师可以对其进行启发、引导或给出"脚手架",在此基础上,学生通过思考而解出习题。此外,与新授课的教学类似,学生做习题也可以采用个体探究和小组合作的方式,当然,这要考虑题目的难易程度。

下面我们整体地说一下习题课的教学设计。习题课虽然与新授课有不小的差别,但是,这种课型与新授课一样,都是为了实现数学课程目标。因此,从本质上,它其实也就是一种数学课。从数学教学设计上看,它与一般的新授课有很大的相同点。从教学设计的结构上看,习题课的教学设计同样包括教学目标、教学重难点、教学方法、教学准备和教学过程。而就教学过程的设计来说,它包括引入、习题教学(与新授课的新知识学习对应)和小结几个环节。

6.5 数学习题课教学设计的案例与分析

6.5.1 "二次函数 $y = ax^2$ 和 $y = ax^2 + k$ 的习题课"教学设计

1. 问题导入

问题1:观察图6.6中二次函数的图像。
(1) 说说三条抛物线之间的异同点。
(2) 请分别写出一个你认为合适的大致的二次函数解析式,并说明理由。

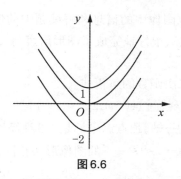

图6.6

【设计意图】本问题既是一道图像信息题,也是一道开放题。让学生通过分析图像的特点获取条件,进而应用二次函数 $y=ax^2+k(a\neq 0)$ 的性质,写出大致的符合条件的二次函数解析式,使学生经历由形到数、由直观感知到理性思考的思维活动。同时开放性问题又为学生提供了一个思维发散的空间,为学生交互式学习提供了平台,让不同层次的学生都有不同程度的收获。

2. 问题变式

变式1:请你写出一个顶点坐标为(0,-2)的函数解析式。

【设计意图】本题设置的是一道文字信息的开放题。学生可以从顶点坐标入手,分析得出此二次函数图像的对称轴为 y 轴,因此确定二次函数解析式的一般形式为 $y=ax^2+k(a\neq 0)$,抓住 a 值的不确定性,可写出不同的二次函数解析式。通过问题的解决使学生多角度、深层次地领悟 $y=ax^2+k(a\neq 0)$ 中的 a,k 的意义和作用。

变式2:观察图6.7中二次函数的图像。

(1) 说说三条抛物线之间的异同点。

(2) 请分别写出每个图像对应的函数解析式,并说明理由。

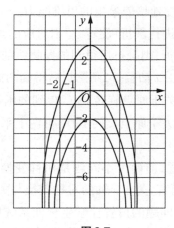

图6.7

【设计意图】在问题1的基础上强化了点坐标这一条件。使问题由开放变为封闭,答案由多种情况变为一种情况,让学生在问题解决中,再一次唤醒用待定系数法求解析式这一方法的回忆,实现知识的迁移,提升应用能力。问题1到变式1、变式2的条件由图像信息到文字信息再到图像信息,通过获取图像中的信息和解读题中的信息,实现知识的梳理与重组,巩固确定函数解析式的基本方法,很好地完成了图形语言与文字语言的相互转换,达到知识之间融会贯通的效果。

变式3:按下列要求,求出二次函数的解析式。

(1) 已知抛物线 $y=ax^2+k$ 经过点 $(-3,2),(0,-1)$。

(2) 已知抛物线的对称轴是 y 轴,顶点纵坐标是 -3 且经过点 $(1,2)$。

(3) 已知抛物线的形状与 $y=-2x^2+3$ 的图像形状相同,但开口方向不同,顶点坐标是 $(0,-1)$。

【设计意图】本题设置的是文字信息的封闭问题,通过一组变式题,从(1)已知两个点的坐标求解析式,到(2)已知一个点的坐标和间接给出的顶点坐标求解析式,再到(3)已知一个点的坐标和间接给出的唯一的 a 值求解析式。条件由直接变为间接,由唯一变为不唯一;问题设计逐层有梯度地推进,渗透了由具体到抽象及分类等数学思想。

3. 问题拓展

变式4:将下列抛物线按要求进行平移,写出对应的函数解析式。

(1) 把抛物线 $y=2x^2$ 向上平移3个单位,再向下平移3个单位,得到的抛物线的解析式是_____。

(2) 把抛物线 $y=-2x^2+1$ 向上平移3个单位,再向下平移5个单位,得到的抛物线的解析式是_____。

(3) 抛物线 $y=-3x^2+5$ 可以看作由抛物线 $y=ax^2+k$ 向上平移6个单位得到的,则抛物线 $y=ax^2+k$ 的解析式是_____。

【设计意图】本题运用变式思路,设置了三个小问题来内化抛物线的平移变换思想,达到让学生熟能生巧的目的,进而让学生领悟上下平移的规律。问题的条件由一般到特殊,由单一到综合,由正向到逆向,多角度地培养学生的思维能力。

变式5:将下列抛物线按要求进行翻折、旋转,写出对应的函数解析式。

(1) 把抛物线 $-2x^2$ 沿 x 轴翻折,则翻折后得到的抛物线的解析式是_____。

(2) 把抛物线 $y=-2x^2+3$ 沿 x 轴翻折,则翻折后得到的抛物线的解析式是_____。

(3) 把抛物线 $y=-2x^2+3$ 关于原点旋转 $180°$,得到的函数解析式是_____。

(4) 把抛物线 $y=-2x^2+3$ 关于原点旋转 $180°$,再向上平移5个单位,得到的函数解析式是_____。

【设计意图】本组题为变式题,前两个小问题是对称变换,后两个小问题是旋转变换。对于抛物线 $y=ax^2+k(a\neq 0)$ 而言,关于 x 轴的对称变换与关于原点旋转 $180°$ 的旋转变换是等价的,只是改变了提问方式;问题的设置让学生全面系统地了解并掌握抛物线的平移、旋转、对称后抛物线解析式的变化特点,有利于培养学生思维的灵活性和开阔性。

4. 总结升华

问题2:通过本节课的学习,你有哪些收获?(学生先独立思考,再在小组内讨论,最后全

班交流,形成学习经验)

【设计意图】本问题的设置,让学生站在一个宏观的角度,全局审视整节课所学的内容,培养学生知识与技能、方法与思想的自主构建,为学生提供一个相互交流、相互学习的平台,创设民主、和谐、开放、互动的学习氛围,通过共同学习带动基础薄弱的学生获取更丰富的知识和方法,促进基础好的学生积极思考、引领学习的能力,培养师生、生生之间团结协作的良好习惯和精神。

问题3:请根据你今天所获得的数学经验,选择二次函数的解析式、图像、列表,或选择二次函数性质中的开口方向、顶点坐标、对称轴、最值、增减性等某一知识点或某几个知识点,运用变式设计一组变式题。

【设计意图】本问题的设置,让学生跳出只限于解决问题的角色局限,运用所学的知识和获得的经验,主动发现问题,提出问题,进行创造性学习。通过角色互换,让学生体验出题者的心路历程,更有助于学生对知识的理解和方法的掌握,从更高的思维层面培养学生知识的统领性和问题解决的前瞻性。

6.5.2 对"二次函数 $y = ax^2$ 和 $y = ax^2 + k$ 的习题课"教学设计的分析

第一,该教学设计只有教学过程设计而没有教学目标、教学方法、教学重难点、教学准备和板书设计。有人可能会认为,只有新授课的教学设计才需要教学目标、教学方法、教学重难点、教学准备、教学过程和板书设计,其他的非新授课只要有教学过程即可,从前面的分析中可以看出,这种看法是错误的。就数学习题课来说,当然也有自己的目的(如果没有目的,那么如何进行设计和教学呢?),教学中也有重点和难点,也需要一定的方法,等等。

第二,该教学过程的设计分成三个部分,即引入、习题和小结,这样的结构是非常合理的。实际上,它与新授课的教学过程结构是一致的。

第三,在该教学过程的设计中,除了最后的"总结升华","问题引入""问题变式""问题拓展"只是给出了习题(当然还有设计意图),至于这些习题在课堂中是如何处理的则没有给出,我们不知道某一个习题是让学生通过独立思考还是小组合作的形式来完成的,也看不出教学中教师采用了什么教学方法,这是该教学设计的不足之处。

请读者根据以上分析对该教学设计进行修改。

习题

1. 请分析学生做数学习题的重要意义。
2. 请任意选择中学数学中的一部分教学内容设计一节相应的习题课。

课外阅读材料

[1] 陈永明. 数学习题教学研究[M]. 上海:上海教育出版社,2016.

[2] 江春莲. 问题解决:以中新两国学生解决速度文字题为例[M]. 北京:科学出版社,2021.

[3] 戴再平. 数学开放题研究[M]. 南宁:广西教育出版社,2012.

第7章 数学复习课的教学设计

数学复习课是数学课中必上的课型,从小学低年级一直到高中皆是如此。那么,上数学复习课一定有其理由。数学复习课在学生的数学学习中发挥着重要的作用,但这是有条件的。只有科学的数学复习课才能发挥其应有的作用,数学教师只有在掌握数学复习课原理的基础上,才能进行合理的数学复习课教学设计。

本章将对数学复习课这个概念进行讲解,并在此基础上给出数学复习课教学设计的方法。读者通过本章的学习,应该能对数学复习课有正确的理解,并且还能高水平地设计一节中学数学复习课。

7.1 数学复习课及其教学设计方法

和数学习题课一样,数学复习课不属于新授课,在整个数学教学中是一种低频率的课(一般情况下一章的内容结束后安排一节数学复习课。这里所说的数学复习课不是中考和高考之前的复习课),但却能起到十分重要的作用。

首先要解决的问题是为什么要设计和实施数学复习课。古人说:"温故而知新。"也就是说,只有把已经学习过的东西巩固牢了,才能更好地学习新知识。从数学知识的角度上说,也就是通过复习使学生对所学的知识有更深刻的理解,这样才能更好地学习后面章节的内容,因此,也可以说复习的作用是承上启下。既然数学复习课的主要目的是更深刻地理解所学的内容,那么什么是更深刻的理解?毕竟在日常的学习中我们也强调理解。这里的理解可以包括对于数学知识的理解、对于数学技能的理解以及对于数学思想方法的理解等。

在后续的"数学教育心理学"课程中,我们会对数学的理解有更系统而深刻的认识,这里为了便于说明问题,对数学理解作一个简单的心理学解释。认知心理学认为,对知识的理解就是要构建完善的认知结构。当某个知识在认知结构中和其他更多的知识之间建立了联系,那么个体对于该知识的理解就会增加。直观地看,就是可以从多个角度来认识该知识。数学认知结构与数学知识结构之间有密切的关系。数学知识结构是数学知识之间组成的具有逻辑关系的客观结构,它有对错之分,而数学认知结构实际上就是数学知识结构在个体头脑中内化的结果,是一个主观的东西,不同的个体具有不同的数学认知结构。

从认知心理学的数学认知结构观点出发,数学复习课很重要的一点就是使学生建立更为完善的数学认知结构。但是,数学复习课还可以比这做得更多。那就是复习课可以提供学生对这一章数学学习过程的反思。在新授课的教学中,教学过程的最后一个环节是反思小结,在复习课中可以让学生通过反思分享这一章的学习过程,从而有助于他们今后更好地学习数学。

基于以上分析,数学复习课的核心环节包括:知识的提取、数学知识结构的认识、综合习题和反思分享,下面将对这几个环节进行更详细的说明。

第一,知识的提取。假设在某一章的学习中,学生学习了许多知识。知识的提取就是学生回忆起本章中学过的知识。因为一章的学习在时间上具有一定的跨度,因而学生是否一定能够回忆起这些知识是不确定的。这个环节实际上就是要确保学生能够在其认知结构中激活这些知识。至于教师通过什么方法来激活学生的已有知识并没有固定的做法,不过有两种常见的方式,即问题式和习题式。所谓问题式是指教师向学生提出这样一些问题,如"你能不能回想起本章中我们学习过哪些知识?请举例说明"等。学生纷纷回想本章学过的知识,他们不但需要回忆起知识的名称,也要对知识进行描述,并且还要通过具体的数学例子来对知识进行具体化。能够对知识进行描述并用例子来说明,证明学生在很大程度上掌握了这些知识。当然,有的学生不能够提取部分知识也是有可能的。而所谓习题式是指教师设计一些针对所学知识的简单习题让学生做,如果学生能够完成这些简单的习题,那么就意味着他们对于这些知识有了相当程度的掌握。学生回答问题或做简单习题的过程实际上也是激活他们认知结构中相关知识的过程。

第二,数学知识结构的认识。它是指知识之间的关系系统。教师要让学生将在第一个环节中激活的知识,根据它们之间的逻辑关系将它们联系起来,从而形成一个系统,其中的逻辑关系就是两个不同知识联系的根据。例如,一般三角形和等腰三角形联系的根据是三角形中是否有两边相等,平方根与算术平方根的联系是当只取正值时前者就变成了后者,数轴和实数之间的关系是二者可以建立一一对应的关系,等等。有了这个知识结构,本章中的知识就不再是分散的,而是具有内在联系的。当然,如果学生在构建知识结构的过程中有困难(构建知识之间的联系并不总是简单的事情,有的知识之间的关系是比较明显的,如等腰三角形和正三角形的关系,而有的知识之间的联系并不明显,需要对这两个知识有深刻的理解。例如,实数是有限小数的无限逼近等。因此,学生进行正确的知识关系构建的前提是他们能够对这些知识有很好的理解),教师的启发引导是必要的。一旦得到了知识结构,教师就要让学生认真地阅读它,并就该知识结构进行交流。

第三,综合习题。这个环节强调学生对于知识结构的认识,这是因为个体的认知结构是外在知识结构内化的结果,因此,学生认识知识结构将有助于学生形成良好的数学认知结构。但只是掌握了某一章知识的结构并不能最终真正地形成完善的数学认知结构。综合习题的练习,在完善学生的数学认知结构上扮演着非常重要的角色。所谓综合习题是与第一个环节中的简单习题相对的。简单习题是指在一个习题中只有个别知识点,而综合习题则是在一个习题中包含多个知识点。让学生做简单习题能起到提取单个知识的作用,而让学生做综合习题则是让他们在做题的过程中体会不同知识点之间的关系,做习题的过程本质上就是思维的过程,学生在做综合习题时,脑中所进行的思维会将所涉及的知识点进行连接,从而实现不同知识的结构化。

第四，反思分享。通过以上三个环节，学生的头脑中对于知识的认知结构已经进一步地构成。如果只是从知识的深刻理解上说，复习课的目的已经达到。但是，因为一节复习课是对于一章教学内容的复习，它应该让学生有机会对这一章的学习内容进行反思，并通过分享这种反思，让全班的学生都能在以后的学习中受益。反思是人类进步的最重要的途径之一，对于学生的数学学习来说也是一样的，没有反思就没有学生在数学上的发展和进步，这是一点也不夸张的。也就是说，数学复习课不但是数学知识的复习，也是学生数学学习过程的反思。教师可以让学生进行如下反思："在这一章的学习中我遇到的最大困难是什么？我是如何克服它的？""在这一章的学习中，我觉得什么内容是最美的？我为什么觉得它美？""在这一章的学习中，我觉得什么知识或方法是最有用的？""通过这一章的学习，我对数学的认识有什么新的体会"等等。显然，无论是反思者还是分享者都能够从这些反思中受到启发，从而在今后的数学学习中有更好的表现。实际上，对于教师来说，分享学生对于一章学习过程的反思，将极大地有助于他们今后的教学设计与教学，或者说，有助于他们的专业发展。因此，无论是前面几个环节的认知结构的进一步构建还是反思，本质上都是为了学生今后的进一步学习，从而体现出温故知新的复习课目的。

以上四个核心步骤再加上简单的课题引入和布置作业就构成了完整的数学复习课的教学环节（图7.1）。

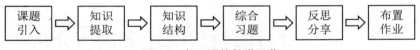

图7.1 复习课的教学环节

从结构上看，复习课教学设计的结构与新授课是相似的。二者都有教学目标（进一步理解所学的知识显然是复习课的教学目标之一）、教学方法（复习课中一般应该有小组合作学习，因为认识数学知识结构需要小组合作完成）、教学重难点（对于复习课来说，教学重点是认识数学知识结构，教学难点是综合习题）。对于教学，二者也是非常相似的，复习课中的知识提取对应着新授课中的复习旧知，复习课中的知识结构和综合习题对应新授课中的新知学习，复习课中的反思分享对应新授课中的总结反思。

以上所给的数学复习课的教学环节不但能够使学生深刻地理解一章所学的知识，而且通过学生对于一章数学学习的反思从而能更好地进行今后的数学学习。在复习课中，学生既对已经学习过的知识有了深刻的理解，同时也对学习过程进行了反思，可以说复习课既是学习结果的复习也是学习过程的复习。因此，我们说，数学复习课是重要的课型。

为了使读者能更好地理解复习课的教学设计，以下将进行一些说明。

第一，在复习课教学过程中学生需要解决一些数学习题，包括简单的和复杂的习题，这可能会使教师产生这样的误解，即数学复习是通过解题来达到复习的目的，甚至会将复习课与习题课混淆。教师需要注意，数学复习课和习题课中学生做习题的目的是不同的。习题课中学生做习题是为了实现特定的目的，如进一步掌握数学思想方法或培养学生运用数学知识解决实际问题的能力等，而复习课中学生做习题是为了激活已学过的知识及构建完善的数学知识结构，从而实现对数学知识的进一步理解。

第二，前文的分析已经说明了以上给出的数学复习课教学模式的合理性。当然可能还会有其他形式的数学复习课模式,但不论是什么样的模式,必须要有理论上的合理性和实践上的可行性,否则这样的模式是不应该使用的。例如,在现实的数学复习课教学设计和教学中,经常会发现一种可以称为基于中高考的数学复习课设计模式。这种模式的大致环节是:本章内容小结、中高考考纲中的相关说明、中高考真题训练。在本章内容小结环节,教师对本章所学的知识进行总结,即本章学习了哪些概念和命题。在中高考考纲中的相关说明环节,教师给出了考纲中涉及本章内容的说明,这个环节教师要强调本章内容中哪些内容在中高考中是非常重要的。在中高考真题训练环节中,教师提供给学生近年来与本章内容相关的中高考真题,让学生做题。可以看出,基于中高考的数学复习课设计并不能使学生对于一章教学内容有深刻的理解,当然也不能促进学生的数学学习反思(由此也可以看出中高考对于复习课的影响。实际上,即使在日常的教学中,中高考对于一些教师的教学也有很大影响,如学习某个新知识时,教师会特别强调这个新知识的重要性,因为在中高考中经常会有涉及该知识的题目;在例题讲解中有的教师会选择中高考题目;有的教师在习题课中所用的题目是从历年的中高考试卷中选取的;等等。数学教学需要考虑到中高考,但是如果进行所谓的基于中高考的数学教学,那么后果是严重的)。因此,我们不提倡这样的数学复习课。尽管这样的复习课具有实践上的可操作性,但不具有理论上的合理性。

7.2 数学复习课教学设计案例与分析

7.2.1 "全等三角形"复习课教学设计

1. 问题情境

在"全等三角形"复习课前,班级以小组为单位举行了一次以全等三角形拼图为主题的图形设计大赛,下面是从学生设计的图形中挑选出来的几幅作品(图7.2)。

图 7.2　作品展示

提问:请你根据图形的特点,说说下列每幅作品的设计思路(图7.3)。

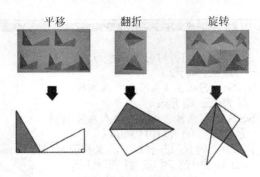

图 7.3 作品揭秘

【设计意图】 为了让学生经历全等三角形图形的创作过程,教师为每个学习小组提供了若干对全等三角形,让学生运用图形的平移、旋转、翻折及其组合变换,通过亲自动手操作,获得对常见的几类图形全面的感性认识。同时教师还为学生准备了不全等的等边三角形、正方形,让学生进行顶点重合的旋转拼图,并为后面的拓展应用埋下伏笔。作品揭秘让学生深层次地了解图形的发展、演变,并形成具体的理性认识。图形提炼让学生从活动经验中提取基本图形,从而自然进入问题的探究。

2. 知识再现

问题 1:如图 7.4 所示,B,C,O,E 四点在同一条直线上,$\angle B = \angle E = 90°$,$AB = CE$,请添加一个适当的条件_____,使得 $\triangle ABC \cong \triangle CDE$。

问题 2:如图 7.5 所示,$\triangle ABC \cong \triangle AEF$,则图中还有_____对全等三角形。

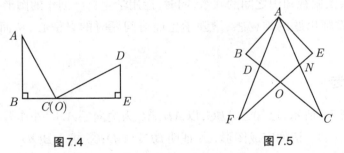

图 7.4 图 7.5

【设计意图】 问题 1 条件开放,问题 2 结论开放,其目的是从不同的角度唤醒学生对全等三角形性质与判定的回忆与灵活应用。一方面,开放式的提问能使不同层次的学生都有思考的余地,基础弱的学生思维较窄,能够联系的知识较少,而基础好的学生思维开阔,可以不断发掘问题中新的知识增长点,不断完善答案,从中获得成就感。所有学生在问题解决过程中,知识与方法互为补充,不断完善,能力不断提升。另一方面,知识呈现问题化,通过问题的解决获取知识,改变了传统复习中单调的简单重复与罗列,更具思考性和开阔性。

归纳与总结如图 7.6 所示。

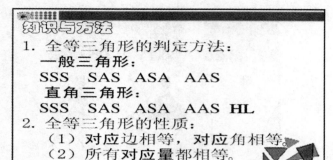

图 7.6 归纳与总结

问题 3：如图 7.7 所示，B,C,O,E 四点在同一条直线上，$\angle B = \angle E = 90°$，请从以下图形中，任选一个，添加适当的条件，并提出一个问题。

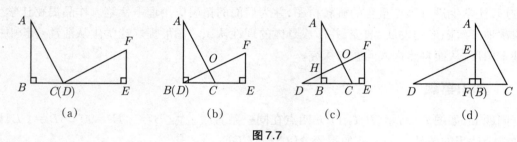

(a)　　　　　(b)　　　　　(c)　　　　　(d)

图 7.7

【设计意图】为进一步巩固全等三角形的性质与判定，类比问题1的图形，引导学生提出问题，从更高的层次俯视知识之间的联系，同时，运用学生自己创作的图形设计问题，既有亲切感，又能消除教师出题的神秘感，增强学生面对问题时的自信心，从而从容淡定地面对问题。

3. 范例精选

问题4：如图7.8所示，已知△ABC，以AB,AC为边向△ABC外作等边△ABD和等边△ACE，连接BE,CD。请你完成图形，① 证明$BE=CD$；② 求$\angle BOD=$_____。

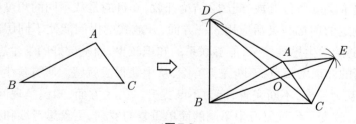

图 7.8

【设计意图】问题4是全等三角形应用中具有代表性的一类问题。问题4中①、②的解题方法是一法多用的经典之作（在接下来的"变式应用"环节中可见一斑），它综合了等边三角形的性质，运用SAS就能顺利证明线段相等，进一步利用全等三角形及对顶三角形的性质，问题就能迎刃而解，求出BE,CD相交的夹角度数。两个小问题都具有可拓展性，解题思路和方法承上启下,结论呈现规律性,是一个不可多得的典例。

4. 解法探究

通过对范例实施解法探究,追求一题多解、多题一解、一法多用、解法优化,培养学生思维的广阔性、灵活性和深刻性。解法剖析如图7.9所示。

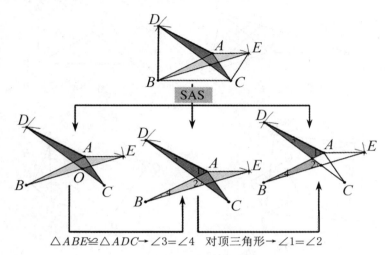

图7.9　解法剖析

【设计意图】对问题4的解法探究,为"变式应用"环节问题的解决提供了清晰的分析思路和解题策略。

5. 变式应用

通过师生对问题的共同探索(包括变化条件、探究讨论、等价变化、逆向探索、图形变化、推广拓广等),获得题目的变式,从而培养、锻炼学生的探索创新能力。

变式1:如图7.10所示,已知△ABC,以AB,AC为边向外作正方形ABFD和正方形ACGE。连接BE和CD,BE与CD有什么关系?请简单说明理由。

变式2:如图7.11所示,已知△ABC,以AB,AC为边向外作正五边形ABGFD和正五边形ACHIE。连接BE和CD,BE与CD是否相等?你知道BE与CD所形成的∠DOB的度数吗?

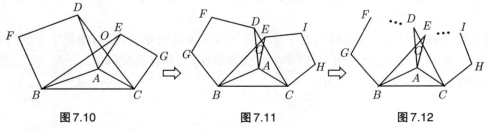

图7.10　　　　图7.11　　　　图7.12

变式3:如图7.12所示,已知△ABC,若以AB,AC为边向外作正n边形ABGF⋯D和正n边形ACHI⋯E。连接BE和CD。BE与CD是否相等?你知道BE与CD所形成的∠BOD

的度数吗?

变式4：如图7.13所示,若将△ACE绕点A逆时针旋转至图7.14,连接BE,CD。① BE＝CD是否成立？② 延长BE交CD于点O,则∠BOD的度数是多少？

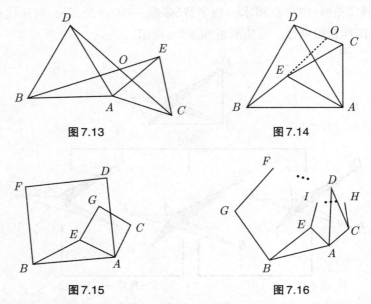

图7.13　　　　　图7.14

图7.15　　　　　图7.16

变式5：如图7.15所示,若将变式4中的"△ABD和△ACE"改为"正方形ABFD和正方形ACGE",其他条件不变。求：① BE＝CD是否成立？② 延长BE交CD于点O,则∠BOD的度数是多少？

变式6：如图7.16所示,若将变式5中的"正方形ABFD和正方形ACGE"改为"正n边形ABGF⋯D和正n边形AEI⋯HC",其他条件不变。求：① BE＝CD是否成立？② 延长BE交CD于点O,则∠BOD的度数是多少？

【设计意图】这组变式题是对问题4的变式拓展。图形变式由外旋→内旋；由等边三角形→正方形→⋯→正n边形；解题方法类比问题4,前后关联,一脉相承。通过问题4的变式让学生发现知识相互关联、问题可以拓展、图形可以变式、解法可以相通,达到"会一题,通一片"的教学效果。问题呈现的规律性,展示着数学的无限魅力！

6. 总结升华

问题5：通过本节课的学习,你学到了哪些知识？解决了哪些问题？让你印象最深的是什么？你获得了哪些经验？

【设计意图】用一个开放性问题引导学生回顾本节课所学的内容,指导学生梳理知识、提炼方法、概括问题、拓展思维,帮助学生构建知识网络,掌握研究问题的一般方式,宏观把握知识脉络,富于关联,指向多方。

7.2.2　对"全等三角形"复习课教学设计的分析

第一,这是一个不完整的教学设计,只有教学过程的设计,没有教学目标、教学重难点、教学方法、教学准备和板书设计等。对于复习课来说,这些部分是完全必需的。例如,如果没有教学目标的设计,也就是说,设计者没有考虑到上一节复习课要实现什么目标,那么我们为什么要上一节没有目标的复习课呢?

第二,第二部分知识再现可以理解为知识提取,后面的问题4及其几个变式可以理解为综合习题。不过,在具体的教学中是如何处理这些问题的呢?这涉及教学方法,设计中并没有明确给出,这是该设计的不足之处。此外,知识再现后所进行的知识联系只是简单地进行了几个知识的罗列,这也是教学过程设计中的不足之处。但该教学设计的小结做得不错,它与前文介绍的反思环节是基本一致的。

第三,在该复习课的设计中并没有将知识系统的构建作为教学的重点,只是简单地给出了三角形全等的判定及性质,这使得本节课看起来更像是习题课而不是复习课。

第四,该教学设计的亮点是运用了开放题。其中的问题2和问题3都是开放题,这对于学生的数学思维的培养是有积极意义的。

请读者根据以上分析对该教学设计进行修改。

习题

1. 为什么说数学复习课中的反思环节是很重要的?
2. 请任意选择中学数学教材中的一章内容进行复习课的教学设计。

课外阅读材料

米云林. 基于核心问题的中学学科课程开发与实施:高中数学(复习课)[M]. 成都:西南交通大学出版社,2020.

第8章 数学建模课和综合实践课的教学设计

　　数学建模课和综合实践课是两种不同的数学课。数学建模课是在高中开设的，而综合实践课则是在小学和初中开设的。这两类课也有共同点，那就是它们都面向现实问题。另外，这两类课实际上也是传统数学教学基本忽视的内容，都是在课改以后才出现的，可以说是中学数学教学中的新课型。

　　本章对数学建模课和综合实践课这两个概念进行了介绍，并进一步给出了这两种课型的设计方法。通过本章的学习，读者应该能够对数学建模课有很好的理解，对数学建模课与综合实践课的价值有清楚的认识，也应该能够进行数学建模课和综合实践课的教学设计。

8.1　理解数学建模课

　　当我们谈到数学的应用时，数学建模就是一个必须要涉及的概念。也许你会想起从小学低年级就开始接触的数学应用题（文字题），下面我们先理解一下数学应用题。

　　数学应用题是指具有一定的现实背景，通过运用一定的数学知识可以解决的问题。学生从开始学习数学，就被要求解应用题。例如，小王有3个苹果，小张有4个苹果，他们共有多少个苹果？让学生解答应用题有如下几个作用：一是可以让学生通过解题来进一步理解所学的知识和掌握一定的数学技能。如通过解答上面的应用题，可以让学生更好地理解加法的意义并掌握加法运算的技能。二是可以使学生对题目更感兴趣。因为有了一定的现实背景，学生会对做这样的题目更感兴趣。例如，比起让学生做3＋4等于多少，学生对于上面共有多少个苹果的问题会更感兴趣。三是因为有一定的现实背景，这可以使学生在一定程度上感受到数学与现实的联系。四是确实能够使学生解决一些简单的现实问题，日常生活中我们确实可以遇到一些简单的问题，如计算超市购物的费用等。

　　传统的数学应用题可以称为理想问题，因为题目中给出了解题必要的条件，而且这些条件以一种非常理想的情况给出。为了说明这种情况，我们不妨再举一个例子：公交车运行的平均速度是每小时40千米，一个人的家与上班的工厂距离20千米，请问这个人上班坐公交车要用多长时间。学生用除法可以很容易地算出这个人坐公交车上班要用半个小时。如果仔细地考虑一下这个题目，就会很容易发现其所具有的理想特点。影响坐公交车时长的因素除了平均速度外，还有路上是否拥堵，当天是晴天还是雨天，等等。但是，学生在解这一题的时候完全不需要考虑这些因素，而是将公交车的速度确定为恒定的每小时40千米。

让学生做理想的应用题当然是必要的,因为它具有以上四个教学价值。但如果一直让学生做这些理想的题目,会使学生将来在遇到真正的现实问题时难以应付。因为,除了一小部分简单的现实问题外,大多数现实问题都是比较复杂的。因此,让学生学习数学建模就很有必要了。

简单地说,数学建模就是运用数学知识解决现实问题的过程。因为数学建模面向的是真实的现实问题,因此,它在最大程度上体现了用数学知识解决现实问题的数学教学目标。在数学实用主义者看来,学习数学是用来解决现实问题的。

在许多国家的数学教学中,数学建模相当受重视。在一些国家(如澳大利亚)的小学高年级数学教学中就有数学建模的教学。在我国,数学建模在高中的数学教学中才有明确的要求,要求在高中阶段至少有一次完整的数学建模(后文将会介绍这样的规定也是有其合理性的)。那么完整的数学建模过程是什么呢?

数学建模是一个过程,大致包括如下几个部分:现实问题、建立数学模型、解决数学问题、解决现实问题(图8.1)。以下是对各个部分的简要说明。

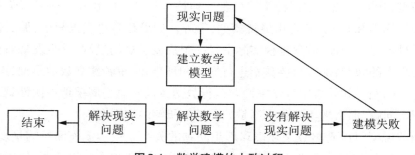

图8.1 数学建模的大致过程

首先是现实问题。现实问题是指日常生活、科学技术以及各行各业所遇到的真正的问题。人们通常说现实是复杂的,而真实的问题在很多情况下都是复杂的,当然也有简单的。所谓复杂,用数学语言来说就是有较多的变量会影响结果。对于中学生来说,如果变量太多就难以用数学来进行刻画了,即使是应用数学家或工程师,他们能处理的复杂程度也是有限的。

其次是建立数学模型。为了能够建立数学模型,就必须要对现实问题中的变量进行简化和理想化。所谓简化就是将某些我们认为可能不重要的,即对结果没有明显影响的变量去掉。例如,要计算出一个池塘里,鱼在经过一年的生长后能捕获多少成鱼,那么有哪些因素会影响鱼的生长呢?影响的因素可能有很多,如投放鱼料的数量、鱼料的质量、氧气、水的质量、鱼病以及水的温度等,我们可能认为投放鱼料的数量和质量是最重要的因素,其他的因素都是次要的,不会明显影响鱼的生长,因此,可以将这些我们认为不重要的因素去掉,使考虑的因素得到简化。所谓理想化是指将变量看作一种理想的状态,如我们将池塘里所有鱼的生长速度看成是一样的,将列车从车站出发到下一个车站停下之间的速度看成是一致的,等等。至于所进行的简化和理想化是否合理那就未必了。

当我们将现实问题中的变量简化和理想化后,现实问题实际上就变成了理想问题,而理想问题实际上又相当于前文所说的应用题。这时就可以用数学公式,如方程组和函数等来刻画变量之间的关系,这就是所谓的建立数学模型。更准确地说,所谓建立数学模型是指用数学关系式对现实问题进行刻画。这一环节的结果就是现实问题变成了数学问题。

再次是解决数学问题。解决数学问题实际上就是解数学题,这不需要多解释了。在传统的数学教学中,学生要做大量的数学题。在今天的数学学习中,学生仍然需要具有较好的解数学题的能力。如果没有这种能力,那么就不能进行数学建模,因为解数学题是数学建模中不可缺少的一个环节。

最后是解决现实问题。解数学题所得到的结果是这个数学题的结果,至于是不是原来现实问题的结果,需要将数学结果加以检验,如果是合理的,那么原来的现实问题就得到了解决,也说明了所建立的数学模型是合理的。这样数学建模的整个过程就结束了。

但遗憾的是,在实际的数学建模,即应用数学家们解决现实问题时,并不是如上所说的那么简单。他们往往要经过多次尝试才能最终建立一个比较合适的数学模型,从而解决现实的问题。例如,近年来很多诺贝尔经济学奖获得者的主要贡献就是其提出的经济数学模型,如1989年诺贝尔经济学奖得主特里夫·哈维默(Tryvge Haavelmo)获奖是因为其提出的平稳人口模型,1995年诺贝尔经济学奖得主罗伯特·卢卡斯(Robert Lucas)获奖是因为其提出的理性预期周期和Lucas纯货币经济模型,等等。如果数学建模很简单,那么他们也不会因此获得诺贝尔奖。因此,数学建模实际上是一个反复尝试的过程,一旦发现所得到的结果并不能解决现实的问题,那么就要重新进行简化和理想化,重新建立数学模型,重新解题,一直到最终解决问题。如果应用数学家们在进行数学建模时总是简单地一次性就完成了建模从而解决现实问题,那么现实问题岂不是如同学生所解的应用题?

从上面的说明可以看出数学建模和理想问题的关系。数学建模面对的是现实问题,而数学应用题是理想问题。数学建模实际上就是将现实问题变成理想问题,然后通过解理想问题从而解决现实问题(当然这可能不是一次就可以完成的)。因此,可以将解应用题看成数学建模的预备。这样,我们就可以理解在高中进行数学建模,而在小学和初中没有真正的数学建模只有解应用题,这种做法是有一定合理性的。我们甚至可以这样说,在小学和初中的数学教学中,通过让学生做应用题而部分进行数学建模,等到了高中才真正地进行数学建模。小学和初中数学教师在进行教学设计或教学中,当涉及应用题时应该从数学建模的角度来看待应用题及其解答,在这样的思想下进行应用题的教学设计和教学将与传统的应用题教学有所不同。

在工程技术和科学研究中,建模发挥着重要的作用。我们通常所说的数学推动了科学技术和社会的发展,很大程度上就是指在这些领域中运用了数学建模。那么,在高中阶段的数学建模有什么意义呢?第一,通过数学建模的过程,可以使学生深刻地认识到将数学运用到现实的复杂过程,部分体会到数学家运用数学解决现实问题的努力,知道数学运用到现实不是直接的、简单的过程。从而也使他们对于数学这门学科有更好的认识。要做到这一点,就要求高中的数学建模教学必须是真正的建模,而不是简化了的建模。第二,培养学生运用数学知识和方法解决现实问题的意识和能力。只是让学生解决理想的应用题是达不到目的的,只有通过数学建模过程才能真正地达到这样的目的。当前的高中数学课程标准要求在高中阶段至少进行一次完整的数学建模教学,我们认为应该将高中阶段的完整建模教学增加至每学年一次。因为要培养学生运用数学知识和方法解决现实问题的意识和能力，只有在实际的数学建模教学过程中才能实现。那么在小学和初中阶段的解应用题有什么意义呢？前文已经给出了四个意义，这里可以再增加一个，那就是为真正的数学建模打下基础，做好准备。

那么，数学建模教学有哪些特点呢？首先是真实性。也就是说学生要进行数学建模的问题应该是真实的、来源于现实中的真正的问题，而不是如同小学、初中所做的应用题。其次是过程性。要让学生体会数学建模的整个过程。这种过程性表现在学生既要经历从发现现实问题到解决现实问题的过程，也要经历从失败到成功的过程，而在当前的数学建模教学中，学生的建模都是一次性成功的，从不失败。最后是教学性。数学建模的教学是数学教学的一部分，在教学过程中也应该完全遵照教师主导、学生主体的原则。当前在数学建模教学中，往往是教师给学生一个数学模型，这就违背了学生是数学建模的主体的原则。另外，数学建模的教学是数学教学的一部分，也就意味着数学教学建模所运用的知识正是当下所学习的知识。

8.2 数学建模的教学设计

教师对于数学建模教学设计以及教学的重要性应该给予足够的重视，如果因为高考中不会考数学建模，或者因为数学建模教学过于麻烦或其他原因，而形式化地进行数学建模的设计和教学，那么这样的做法是错误的。也就是说，在数学教师的教学理念中应该包含"数学建模是非常重要的"这一条，这是做好数学建模教学的基本前提。

数学建模教学设计要考虑到上节中数学建模教学的特点，在此基础上，教师还要考虑以下一些问题。

首先是问题的选择。当然，不是所有的教学内容都会有相应的现实问题，但在高中数学中确实有不少内容具有很好的应用价值，如幂函数等。教师为数学建模教学所设计的问题应该是真实的问题，而不应该是理想问题，应严格区分这两类问题。如果选择的是理想问题，那么就将数学建模的教学活动变成了做数学应用题的活动。真实的材料可以来自于网络（如某公司的销售记录以及统计网站的数据库等），也可以来自于教学参考资料。

其次是教学方法。由于数学建模比较复杂，同时也具有较高的难度，因此，虽然不排除其他的教学方法，但小组合作学习应该是主要的教学方法。

再次是现代信息技术的使用。没有现代信息技术，当然仍然可以进行数学建模，否则在现代信息技术出现之前应用数学家们就无法进行数学建模了，但不可否认的是，现代信息技术的使用使数学建模可以更好地进行。例如，如果现在有很多对数据，要建立数据对之间的关系，如果能用现代信息技术进行模拟，那么可以更准确、更迅速地找出近似的函数关系。因此，教师在教学设计时要考虑现代信息技术的使用。

最后是教学时间和结果。要做一个真正的数学建模并不一定能在规定的时间如一节课内完成,因此,教师在教学设计时不能将时间限制在一节课内。另外,是不是能够顺利地完成数学建模从而解决问题也是一个未知数。如果认为数学建模就是一次性完成的,那么就将数学建模理解得太简单了。也许正因如此,高中数学课程标准中才建议高中阶段至少要进行一次完整的数学建模教学,这样的建议就是考虑到了真正的数学建模的复杂性。

在以上考虑的基础上,教师就可以进行数学建模的教学设计了,设计的模式与前面所介绍的数学教学的设计模式并没有什么大的差别。需要注意的是,在今天的高中数学教学中,因为只有一次数学建模教学,所以也就只有一次数学建模教学设计。因而在教学过程中,教师实际上还需要教学生什么是数学建模以及如何进行数学建模(当然,教师也可以在数学建模教学前让学生通过查阅资料了解数学建模的相关知识)。以下将对教学过程进行简要的说明。

数学建模的教学过程设计可以分成以下三个环节(图8.2):

首先是引入部分。在这一环节中,教师要进行的说明包括什么是数学建模及数学建模的重要性。介绍日常生活或某些领域中的某个现实问题的解决是非常重要的,这样可以引导学生通过数学建模来解决这个问题。

然后是数学建模。这一环节包括对所提出的现实问题的建模、解数学问题以及进行检验这几个部分。在教师的帮助下,学生对现实问题进行简化和理想化,并尝试运用数学模型对所得到的数学问题进行刻画,然后解决数学问题并进行检验。如果结果并不能解决所提出的现实问题,则需要重新建模,这样的过程甚至需要反复进行多次。数学建模需要学生以小组合作的形式进行,在学生建立模型的过程中,教师可以参与到不同的小组中,给小组适当的指导,也可以就小组共同存在的问题面向全班进行指导。在建模教学的过程中,对现实问题进行简化和理想化以及对所得到的数学问题建立数学模型既是教学的难点,也是教学的重点,这一部分也最能反映数学建模的特点。

最后一个环节是小结反思。这一环节是总结如何进行数学建模、在建模中需要注意哪些问题,以及学生对本节课建模的反思。

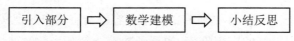

图8.2 数学建模课的教学环节

总之,因为数学建模教学对于高中生乃至所有中小学生来说只有一次,教师应该对其教学设计以及教学给予足够的重视。通过教学让学生对于数学建模的作用有深刻的体验,对于如何进行数学建模有很好的掌握。

8.3 数学建模教学设计案例与分析

8.3.1 "牙膏出厂价的定价问题"教学设计

1. 教学目标

（1）掌握数学建模的基本步骤和数学建模活动的基本过程。

（2）通过数学建模活动的步骤，感受数学建模解决实际问题的全过程，提高应用意识，激发学生主动学习的求知欲和兴趣。

2. 教法分析

本节内容主要以问题驱动、教师引导、学生自主探究等多种教学方式进行教学，让学生经历数学建模的基本步骤和数学建模活动的全过程，体验数学思想与知识在生活中的应用。

3. 教学过程设计

（1）情境导入。

表8.1是从某购物网站上查询到的同一品牌四种质量不同、类型完全相同的牙膏对应的价格。

表8.1　四种牙膏的质量与价格

质量/g	价格/元
65	14
90	17.6
120	21.6
180	28.3

现在该厂根据市场需求要生产250 g装的这种牙膏，请你确定这种牙膏的合理出厂价格。

【设计意图】引入现实生活中的问题，激发学生的数学探究欲，让学生进一步明白数学来源于生活又应用于生活，培养学生用数学的眼光观察身边的生活，进一步提升学生的数学学习兴趣。

（2）问题分析与模型假设。

问题1：牙膏的出厂价主要由什么决定？

问题2：牙膏的生产成本与哪些方面有主要关系？

问题3：牙膏的包装成本与哪些方面有主要关系？

模型假设：① 牙膏的出厂价格 y 只由生产牙膏的成本 P_1 和包装成本 P_2 决定。

② 假设生产成本与牙膏的质量成正比。

③ 假设包装成本与牙膏壳的表面积成正比。
④ 牙膏壳里的牙膏都是满装的。
⑤ 引入符号"∝",当 y 与 x 成比例,即 $y=kx(k$ 为常数$)$,记作 $y \propto x$。

【设计意图】通过问题串的引导,让学生学会抓住主要因素,并能将这些因素进行量化,培养学生将现实问题数学化的能力,提升学生的数学抽象核心素养。

(3) 建立模型与求解模型。

假设牙膏的成本为 P,包括生产成本 P_1 和包装成本 P_2。一般来说,商品价格=商品成本×(1+利润率),所以有 $y \propto P$,即 $y \propto (P_1+P_2)$。而牙膏的生产成本 P_1 与牙膏的质量 x 成正比,即 $P_1 \propto x$;牙膏的包装成本 P_2 与牙膏壳的表面积 S 成正比,即 $P_2 \propto S$,而 $S \propto V^{\frac{2}{3}}$,$V \propto x$($V$ 指商品的体积),因此,$P_2 \propto x^{\frac{2}{3}}$,所以我们可以建立这样的函数型 $y=ax+bx^{\frac{2}{3}}$。函数中有两个待定的系数,只需代入两组 (x,y) 值即可求出 a,b 的值。将 $(65,14)$ 和 $(90,17.6)$ 代入函数,得

$$\begin{cases} 65a+65^{\frac{2}{3}}b=14 \\ 90a+90^{\frac{2}{3}}b=17.6 \end{cases}$$

利用 Excel 表格的计算功能,解得 $a \approx 0.0225, b \approx 0.7756$,可以得到牙膏价格与质量之间的函数关系为 $y=0.0225x+0.7756x^{\frac{2}{3}}$。当牙膏质量为 250 g 时,代入上述模型,可以得到牙膏的出厂价约为 36.4 元。

【设计意图】让学生初步经历了数学建模的关键过程,体会到数学建模的核心,落实数学建模的核心素养;引导学生将复杂的问题分解为若干个简单的问题,落实逻辑推理的核心素养;通过计算预测值,培养学生的运算能力,落实数学运算的核心素养。

(4) 验证模型与模型分析。

问题 1:上述模型是否合理?

将 $x=120,180$ 分别代入,得到 $y=21.57,28.78$,与实际价格分别相差 $0.03,0.48$,由此可见推导出来的函数表达式还是比较合理的。

问题 2:上述模型是否还可以改进?

① 只考虑了生产成本和包装成本两个主要因素对定价的影响,目的是能够用较为简单且熟悉的模型来进行分析,可操作性强。但除了这两个因素外,牙膏的出厂价还会受外包装盒的成本、运输成本、仓储费、超市上架费等方面的影响,与实际情况有一定的差距。

② 此模型假设生产成本与牙膏质量成正比以及包装成本与牙膏壳的表面积成正比都是一种理想情况,是为了简化模型,便于求解。它们之间的实际关系还应通过具体的调查分析得到。

【设计意图】让学生经历数学模型的检验与分析过程,培养学生的探究意识;让学生在学习过程中经历整个建模过程,在建模过程中体会数学建模的核心,从而使本节课真正落实了数学核心素养,尤其是数学建模的核心素养。

(5) 归纳小结。

问题 1:数学建模的基本步骤是什么?

问题2:你对这节课有什么收获和感想?

【设计意图】培养学生的归纳和概括能力,提升学生的逻辑推理素养。

(6) 课后作业。

① 梳理本节课的知识与内容。

② 以小组为单位,合作完成一份数学建模报告。

【设计意图】让学生学以致用,进一步体会数学与生活的密切联系,全面提升数学核心素养。

8.3.2 对"牙膏出厂价的定价问题"教学设计的分析

第一,教学目标虽然只有两条,但其中实际上包含了数学课程的三维目标,因此,该教学目标的设置是比较合适的。

第二,只谈教法而不是教学方法,根据前面的分析,这是不合适的。另外,该设计不够完整,因为没有教学方法、教学准备,也没有板书设计。

第三,所要解决的问题是一个真实的问题,即要解决250 g装牙膏定价的问题,这符合数学建模教学中对现实问题的要求。模型的假设其实就是对现实问题进行简化和理想化,只不过一次简化和理想化就使数学模型得以顺利建立并最终解决问题,说明该建模仍然比较简单。在过程的设计中给出了问题的解决过程,但没有给出解决这个问题过程的教学方法,即教师如何启发学生以及学生如何去做,因此,这并不能算作数学建模的教学,而只能算作数学建模的解决。归纳小结部分比较简单,如果能提出更多的问题则效果会更好。

请读者根据以上分析对该教学设计进行修改。

8.4 理解综合实践课

在义务教育阶段的数学课程中,教学内容有四个模块,即数与代数、图形与几何、统计与概率以及综合与实践,这四个模块中前三个的内容实际上在课改之前就有了,尽管有一些变化,但是综合与实践却是一个新的东西。那么,综合与实践究竟是什么呢?课标中对它的解释是:综合与实践是一类以问题为载体、以学生自主参与为主的学习活动。在此类学习活动中,学生将综合运用数与代数、图形与几何、统计与概率等知识和方法解决问题。以下我们将对这个解释进行一些理解。

首先,这是一种学习活动。如果从教学的角度看,这当然也就是一种教学活动。那么,这个教学活动有什么特点呢?第一,它以问题为载体。这就意味着综合实践课是围绕着问题进行的,教学过程很大程度上也就是解决问题的过程。实际上,数学教学中的问题包含两类:纯数学问题和现实问题。这里的以问题为载体的问题应该是现实问题。第二,教学活动以学生自主参与为主,这与其他所有数学课的教学并无区别。并且,为了解决问题,需要用到各种数学知识,即综合的知识。第三,具有实践性的特点。这在课标对综合实践课的解释中并没有非常明显地给出。综合实践课所基于的问题一般是实际问题,而要解决这样的问题,往往需要学生动手实践。这里的动手实践可能包括测量和调查等具有实践特点的活动。

理解综合实践课最关键的是理解"综合"和"实践"两个词。"综合"是指知识的综合或综合运用数与代数、图形与几何和统计与概率领域中的知识。当然,这并不是说,在每个要解决的问题中一定要同时涉及这三类知识,它只是在强调多种知识的综合运用,即使是来自于同一个模块,如数与代数中的不同的知识也是可以的。"实践"是指学生在解决问题中要动手实践。这里的实践也要比较广义地去理解。它既可能是指学生在课堂上用尺子测量课桌的长度,也可能是指到市场上就某种商品进行调查,甚至是指到图书馆或在互联网上查阅资料。如果光有综合而没有实践,那么这样的问题也只不过是数学中的综合性习题。如果光有实践而没有综合,那这样的问题也就只是数学教学中涉及的一些简单的实践活动,如小学生学习米的概念时用尺子量一量课桌的长度,中学生学习三角函数时测量某个建筑物的高度。综合实践课强调的不是综合和实践的某一个方面,而是要学生同时兼顾二者。

为什么要在数学教学中上综合实践课?将综合与实践作为义务教育阶段数学教学内容的四大模块之一,可见对综合与实践是非常重视的。综合实践课有如下作用:第一,使学生对数学知识有进一步的理解。由于在综合与实践中学生要运用来自于数与代数、图形与几何以及统计与概率中不同的知识解决问题,因而有助于这些不同领域中的知识在学生的数学认知结构中建立联系,从而促进了他们对这些知识的深刻理解。第二,让学生体会到数学在实际中的应用。因为综合实践课所要解决的问题是实际问题,因而它有助于提高学生分析问题和解决问题的能力,体会到数学对于解决实际问题的重要作用。学生在解决问题的过程中,也获得了数学活动经验。第三,锻炼了学生的数学实践能力。数学实践能力是将数学应用于实际的重要方面。通过实践,学生能够从实际中获得信息和数据,同时从这些信息和数据中抽象出数学问题,并解决这些问题。第四,综合实践课也可以使学生对数学有正确的认识,认识到数学的重要价值之一是解决现实问题。另外,在解决现实问题的过程中,学生通过合作学习也培养了合作学习的意识和能力。总之,综合实践课对于数学课程目标的三个方面,即知识与技能、过程与方法以及情感态度与价值观的实现都有积极的作用。因而,综合实践课的教学是非常重要的,每个数学教师都应该给予充分的重视,绝不能忽视它。

我们还可以谈一下综合实践课与数学建模课的关系。综合实践课与数学建模课有一点是一致的,那就是它们涉及的问题都是现实生活中的实际问题。综合实践课是义务教育阶段数学课的教学内容,而数学建模课则是高中阶段数学课的教学内容。在义务教育阶段,学生通过综合实践课来培养他们运用数学知识解决实际问题的能力,而在高中阶段,通过数学建模课培养了学生运用数学知识解决实际问题的能力。因此,综合实践课在义务教育阶段数学课中的角色与数学建模课在高中阶段数学课中的角色是类似的。综合实践课和数学建模课在中小学数学教学中的实施,说明了应用数学知识解决现实问题已经成为我国数学课程的重要目标,这与传统的数学教学有很大不同,数学教师应该认识到数学应用的重要性,自觉地与数学课程标准的思想保持一致。

8.5 综合实践课的教学设计

根据以上对于综合实践课的理解,在教学设计中,有以下几点需要注意:

第一,关于综合实践课中的问题。综合实践课所基于的问题应该是真实的,教师在设计问题时,必须要设计真实的问题。实际上,各个版本的教材本身已经给出了综合实践课的问题,当然,教师完全可以自己设计问题。除了真实外,教师在设计问题时还要注意解决该问题是不是需要学生运用综合的知识以及进行实践活动。也就是说所设计的问题要符合综合和实践两方面的要求。从上节的最后还可以看出,综合实践课的难度要符合初中生的认知水平,它不是数学建模课,因此难度并不能太大,但也应该具有复杂性。

第二,要给学生足够的空间和时间。根据解决问题的需要,一节综合实践课有可能无法在一节课的时间内完成。另外,它可能需要学生走出教室搜集信息来解决问题。因此,从时间和空间上看,一节综合实践课和传统的一节数学课是有差别的。

第三,关于教学准备。综合实践课的教学准备要根据解决问题的需要,所准备的材料与一般的数学课可能有很大的差别,若解题中需要学生进行测量,教师则要准备一些测量的工具。

综合实践课的教学设计从结构上看与一般数学课的教学设计并没有太大的区别,但教学过程还是有其特点的。综合实践课的教学过程一般包括如下步骤:课题引入、要解决的问题、分组解决问题、集体讨论、反思总结。下面将以一个例子来说明上述步骤。

人教版《数学》八年级下册第19章"一次函数"的最后给出了两个活动,分别是世界人口增长和水龙头漏水。这里就以第二个活动水龙头漏水为例(图8.3)。

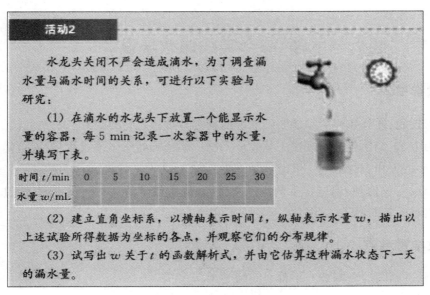

图8.3 水龙头漏水

（1）课题引入。在这一部分，教师可以通过具体的数据说明淡水资源的不足，特别在我国这个问题更严重（我国是一个淡水资源比较匮乏的国家），但同时还存着大量的浪费淡水资源的现象，例如，一些学校、工厂和公园等存在着水龙头漏水的现象等。

（2）要解决的问题。这一部分，教师出示上面的"水龙头漏水"问题，告诉学生这就是今天要解决的问题。

（3）分组解决问题。首先，每个小组在实验室或其他地方开始实验。将量筒放在水龙头下，一个成员将水龙头开到漏水的状态，另一个成员开始计时，还有一个成员准备记录。当然也可以找到漏水的水龙头进行记录。在获得30分钟的漏水数据后，小组回到教室完成后面两个小题，即画函数图像、写出函数解析式以及根据解析式算出该水龙头一天的漏水量。

（4）集体讨论。在这一部分，各个小组展示自己的问题解决过程，并集体讨论各小组存在的问题。

（5）反思总结。在这一部分，学生对解决问题的过程以及节约水资源进行反思和总结。

以上五个步骤如图8.4所示。

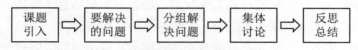

图8.4 综合实践课的教学环节

和前面介绍的高中部分的数学建模课一样，综合实践课也必须真题真做。在上面的问题中，如果教师直接给出表中的数据，那么这样的问题就不具有实践的特点，而在实际教学中，有的教师为了避免实践的麻烦，对问题进行简化，这样的做法是不可取的。

8.6　综合实践课教学设计案例与分析

8.6.1　"翻折与平移"综合实践课教学设计

1. 教学目标

知识与技能：通过探究活动能明确图形的翻折与平移之间的联系。

能力与方法：经历操作—观察—猜想—归纳—验证的数学发现过程，发展合情推理的能力，体会数形结合和由特殊到一般的数学思想。

情感态度与价值观：通过学生的画图与思考，体验数学活动的文化价值；通过获得成功的经验和克服困难的经历，增强数学学习的信心。

2. 教学重难点

重点：通过画图探究翻折与平移之间的关系。

难点：利用数形结合的方法验证翻折与平移之间的关系。

3. 教学准备

铅笔、三角板、剪刀、学案、PPT课件等。

4. 教学过程

(1) 情境导入(学生动手操作、观察思考)。

师：剪纸艺术历史悠久，许多剪纸是通过不同的折叠方法使简单的图形变化出各种美丽图案的。下面我们一起来试一试，先将长方形纸片连续对折三次后画上茄子图案，再剪去多余的部分，观察展开后的图案，并说说你有什么发现(图8.5)。

图8.5 剪纸

【设计意图】

① 营造愉快的学习氛围，激发学生的学习兴趣。

② 在真实的情境下，通过观察、思考，了解剪纸艺术中的轴对称、平移。以期自然地引入本节课的教学。

(2) 活动探究。

PPT课件揭示活动1：如图8.6所示，直线 l_0,l_1,l_2,l_3 都与直线 m 垂直，且它们之间的距离都为1个单位长度。请按下列要求画图。

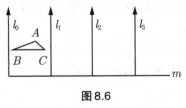

图8.6

① 画出 $\triangle ABC$ 关于直线 l_1 对称的 $\triangle A_1B_1C_1$。

② 画出 $\triangle A_1B_1C_1$ 关于直线 l_2 对称的 $\triangle A_2B_2C_2$。

③ 画出 $\triangle A_2B_2C_2$ 关于直线 l_3 对称 $\triangle A_3B_3C_3$。

④ 观察你画的图形并填空。

$\triangle ABC$ 翻折一次，就能得到____，翻折两次就能得到____，翻折三次就能得到____。这时，$\triangle ABC$ 与 $\triangle A_1B_1C_1$ 的位置变换关系是____；$\triangle ABC$ 与 $\triangle A_2B_2C_2$ 的位置变换关系是____；$\triangle ABC$ 与 $\triangle A_3B_3C_3$ 的位置变换关系是____。

你有何猜想？请举例验证你的猜想。

【设计意图】通过操作与思考，初步认识到：在本题条件下，翻折奇数次是对称，翻折偶数次是平移。

在学生交流、展示的过程中，教师作如下板书设计（图8.7）：

图8.7　教师板书1

【设计意图】在交流的基础上，有意设计这样的板书，便于学生产生猜想，为突破本节课的难点做好铺垫。

师：在上述条件不变的情况下，如果让你继续画出△$A_4B_4C_4$和△$A_5B_5C_5$，你能直接画出来吗？下面继续完成学案。

PPT课件揭示活动2：按照活动1的规定，在图8.6中如果再画出符合上述条件的直线l_4，l_5（图8.8），那么你能直接画出△$A_4B_4C_4$和△$A_5B_5C_5$吗？请画一画，并写一写。

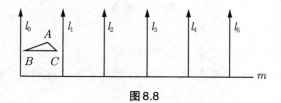

图8.8

活动中，学生在学案上完成相应的操作和填空；教师随组巡视，适时质疑、引导；同组同学交流想法。

【设计意图】在活动1的基础上创设活动2，目的是让学生进一步认识到：本题中，连续翻折奇数次成轴对称，连续翻折偶数次成平移变换，以简化画图的过程。

师：哪一组同学先来？

生1：我们认为，△$A_4B_4C_4$可以由△ABC经过四次翻折得到，与△ABC是平移关系；△$A_5B_5C_5$可由△ABC经过五次翻折得到，它们成轴对称关系，所以我直接画出了图形（图8.9）。

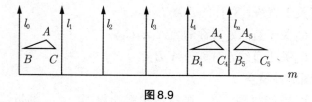

图8.9

根据学生的描述，教师在黑板相应的位置完善板书（图8.10）。

图8.10 教师板书2

【设计意图】检验小组合作的实效性;不断通过枚举收集数据,以利于后面的归纳、概括。

师:这位男生把自己的想法说得很清楚,大家有不同意见吗?

生:……(这时第一组有学生举手)

师:有同学还想发言,我们让她来说一说。

生2:我是在前面图的基础上按活动1的要求,以l_4为对称轴画出$\triangle A_3B_3C_3$的对称图形$\triangle A_4B_4C_4$,并顺次画出$\triangle A_5B_5C_5$,结果和他(生1)的结论一样(图8.11)。

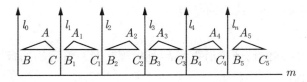

图8.11

生2:在这个基础上得出了这样的想法——当画的三角形是偶数个时,可以通过平移得到;当画的三角形是奇数个时,可以通过翻折得到。

师:你的这个想法是针对题目中的哪一个图形来说的?

生2:$\triangle ABC$。

师:那你能不能把你的意思说得更明白一些呢?

生2:对于$\triangle ABC$,如果它连续翻折偶数次时,所得到的图形与原图成平移变换;如果它连续翻折奇数次,所得到的图形与原图成轴对称。

师:这位女生真是好样的。她通过刚才画的这几个图形就能得出这样的结论,真是不简单,我们大家要向她学习。她所说的,和老师的板书内容也相符合。这说明同学们还是很有思想的。不过,这个结论是否符合事实呢? 这还需要验证。

师:大家来看看她(生2)的这个图形(图8.11)。除了老师已经板书的,你还能找出一些能说明她(生2)的观点正确的例子吗?

生3:$\triangle A_1B_1C_1$连续翻折三次得到$\triangle A_4B_4C_4$,它们成轴对称;连续翻折四次得到$\triangle A_5B_5C_5$,它们是平移变换。这和她(生2)的想法是一样的。

生4:$\triangle A_2B_2C_2$连续翻折两次得到$\triangle A_4B_4C_4$,它们成平移变换;连续翻折三次得到$\triangle A_5B_5C_5$,它们成轴对称。这个变换也符合她(生2)的想法。

生5:$\triangle A_3B_3C_3$翻折一次得到$\triangle A_4B_4C_4$,它们成轴对称;连续翻折两次得到$\triangle A_5B_5C_5$,它们成平移变换。这个变换也符合她(生2)的想法。

师:同学们表现得真好。通过活动1和活动2的探究,我们对图形的平移和翻折已有了一个初步的认识。下面我们来做一个抢答游戏。

活动3:抢答游戏。

师:请听题——在活动1的条件下,△ABC 和 △$A_6B_6C_6$ 是何种变换关系?

师:同学们回答得真好。下面进行第二题——在活动1的条件下,△ABC 和 △$A_7B_7C_7$ 是何种变换关系?

师:第三题——在活动1的条件下,如何画出 △$A_{50}B_{50}C_{50}$?请第一组的这位同学说一说。

师:很好,第四题——在活动1的条件下,如何画出 △$A_{99}B_{99}C_{99}$?请第三组的这位同学说一说。

生6:这可以看作 △ABC 连续翻折九十九次得到的,它们应该成轴对称。

师:那对称轴是哪条线呢?

生6:……

师:看看老师的板书,你再想一想。(这时老师画出必要的下划线提示学生思考)

生6:对称轴是直线 l_{49}。

师:有不同的看法吗?来,这位同学说一下。

生7:沿直线 l_{50} 翻折。

师:到底是沿直线 l_{49} 翻折,还是沿直线 l_{50} 翻折呢?看一看我们的板书,再想一想。

生齐:沿直线 l_{50} 翻折。

师:第五题——在活动1的条件下,你能直接画出 △$A_nB_nC_n$($n \geq 1$ 且 n 是整数)吗?说说你的想法。(小组交流)

生8:当 n 为奇数时,△$A_nB_nC_n$ 可看成是 △ABC 连续翻折 n 次得到的,它们成轴对称;当 n 为偶数时,△$A_nB_nC_n$ 可看成是 △ABC 连续翻折 n 次得到的,它们是平移变换。

师:当 n 为偶数时,△$A_nB_nC_n$ 和 △ABC 是平移变换,那么 △ABC 是如何平移得到 △$A_nB_nC_n$ 的呢?

生8:当 n 为偶数时,将 △ABC 向右平移 n 个单位长度得到 △$A_nB_nC_n$。

师:当 n 为奇数时,△$A_nB_nC_n$ 和 △ABC 成轴对称,对称轴是哪条直线呢?

生8:当 n 为奇数时,△ABC 与 △$A_nB_nC_n$ 关于直线 $l_{\frac{n+1}{2}}$ 成轴对称。

教师完善板书,如图8.12所示。

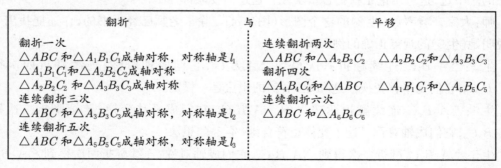

图8.12 教师板书3

师:好,抢答游戏结束。到目前为止,表现好的组有第一、二、四组,第三组的同学还要加油。

师：下面大家来看一下黑板上的板书，再来思考一下，通过活动1和活动2的探究，我们发现了什么？请大家交流一下。

【设计意图】 这时，通过活动1和活动2的操作。学生基本形成了这样一种认识——翻折奇数次所得图形与原图形成轴对称；翻折偶数次所得图形与原图形成平移变换。但这个总结是不完善的，学生往往会忘记了前提条件。

（小组交流讨论）

师：哪个组能说一说？第三组有同学举手了，这次机会就让第三组的同学来回答吧。来，请你说一说。

生9：对于一个图形来讲，当它连续翻折奇数次时，所得到的图形与原图形成轴对称；当它连续翻折偶数次时，所得到的图形与原图形成平移变换。

师：同意的同学请举手。

（通过统计了解学生的观察和思维）

师：有同学没有举手，没有举手的同学能说一说你的想法吗？

生：……

师：老师认为这位同学说得不全面，还漏了点什么，大家再想一想。

生：……

师：老师给个提示，在抢答游戏时，老师每出一道题都说了一句话，是什么呢？

生10：在活动1的条件下。

师：也就是说，我们刚才发现的这些现象都是在活动1的条件下归纳出来的，是吗？是有一定条件限制的，对不对？

生齐：对！

师：我们来看一下活动1的条件。

（学生看学案）

师：谁来读一下？

生11：这里的条件是"直线 l_0, l_1, l_2, l_3 都与直线 m 垂直，且它们之间的距离都为1个单位长度"。

师：也就是说，这里的 l_0, l_1, l_2, l_3 都与直线 m 垂直，且它们之间的距离都相等。只有满足了这样的条件，我们今天发现的结论才是正确的。

师：到底是不是这样呢？下面老师给出两道创新题，第一、二小组做第一题，第三、四小组做第二题。结合你们的发现，请大家再说一说。

（3）活动创新。

学案（第1题）：如图8.13所示，直线 $l_0, l_1, l_2, l_3, \cdots, l_n$ 都与直线 m 垂直，垂足分别是 $P_0, P_1, P_2, P_3, \cdots, P_n$，但它们之间的距离不相等。依次画出 $\triangle ABC$ 关于直线 l_1 对称的 $\triangle A_1B_1C_1$，$\triangle A_1B_1C_1$ 关于直线 l_2 对称的 $\triangle A_2B_2C_2$，$\triangle A_2B_2C_2$ 关于直线 l_3 对称的 $\triangle A_3B_3C_3$ ……$\triangle A_{n-1}B_{n-1}C_{n-1}$ 关于直线 l_n 对称的 $\triangle A_nB_nC_n$。你能由 $\triangle ABC$ 经过运动变化得到 $\triangle A_nB_nC_n$ 吗？请说一说，并与小组同学交流一下。

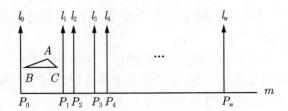

图 8.13

学案(第2题)：如图8.14所示，射线 $l_0 /\!/ l_1 /\!/ l_2 /\!/ \cdots$，且 $P_0P_1 = P_1P_2 = P_2P_3 = \cdots$，且它们之间的距离都为1个单位长度，请按下列要求画图。

① 画出 $\triangle ABC$ 关于射线 l_1 对称的 $\triangle A_1B_1C_1$。

② 画出 $\triangle A_1B_1C_1$ 关于射线 l_2 对称的 $\triangle A_2B_2C_2$。

③ 画出 $\triangle A_2B_2C_2$ 关于射线 l_3 对称的 $\triangle A_3B_3C_3$。

……

你能由 $\triangle ABC$ 经过运动变化得到 $\triangle A_nB_nC_n$ 吗？请说一说，并与小组同学交流一下。

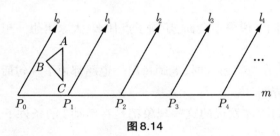

图 8.14

(各小组合作完成)

师：请各小组选派代表上黑板写出你们的结论。

(通过讨论完善结论)

师：由活动1、活动2到创新题1、创新题2，请同学们从题目到结论再仔细想一想。你能发现什么具有共性的地方吗？

(小组交流)

师：哪个小组代表发言？

生12：一个图形以一组平行线作为对称轴连续翻折奇数次时所得到的图形与原图形成轴对称；当连续翻折偶数次时，所得到的图形与原图形成平移关系。

师：一个图形？在我们今天的活动中，是什么图形？

生：三角形。

师：是什么三角形？

生：任意三角形。

师：对了，那么大家认为今天学习的发现应该如何总结呢？

生13：当一个任意三角形以一组平行线作为对称轴连续翻折奇数次时，所得到的图形与原图形成轴对称；当连续翻折偶数次时，所得到的图形与原图形成平移关系。

【设计意图】在前面活动的情况下，学生完全认同了这样一个事实：一个图形，当它连续翻折奇数次时，所得到的图形与原图形成轴对称；当它连续翻折偶数次时，所得到的图形与原图形成平移变换。但是这样的变换成立是有一定条件限制的。为了让学生认识到这一点,教师进行了本环节的设计,以期让学生认识到本节课的真正本质所在,并发展学生的观察、概括等能力。

(4) 畅谈活动收获。

师:经历了本节课的探索活动,大家感受了由特殊到一般的过程。每位同学都有所收获,请大家用刚才我们剪的茄子图形来说一说。

【设计意图】用剪好的茄子图形来说一说,起到了前后呼应的作用。

(5) 拓展。

师:下面,老师还有两道题目,请有兴趣的同学课后再研究一下,并把想法写出来和老师交流一下。

问题1:如图8.15所示,直线$l_0, l_1, l_2, l_3, \cdots$都与直线$m$垂直,且它们之间的距离都为1个单位长度,矩形$ABCD$的边$AB \parallel l_0$,请按下列要求画图。

① 画出矩形$ABCD$关于直线l_1对称的矩形$A_1B_1C_1D_1$。

② 画出矩形$A_1B_1C_1D_1$关于直线l_2对称的矩形$A_2B_2C_2D_2$。

③ 画出矩形$A_2B_2C_2D_2$关于直线l_3对称的矩形$A_3B_3C_3D_3$。

……

你能由矩形$ABCD$经过运动变化得到矩形$A_nB_nC_nD_n$吗?请说一说,并与小组同学交流一下。

如果没有矩形$ABCD$的边$AB \parallel l_0$这个条件,你的结论还成立吗?

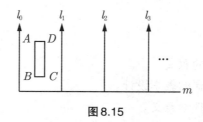

图8.15

问题2:如图8.16所示,以线段OA为直径在数轴上方画一个半圆,再以AB为直径在数轴下方画一个半圆,构成一个波浪形图案。将这个图案向右、向左连续平移2个单位长度,构成如图8.16所示的图案。这个图案是轴对称图形吗?如果是,请画出它的一条对称轴。

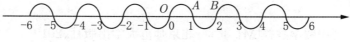

图8.16

小明同学认为:"一个那样的图形不是轴对称图形。但将这个图形按图8.16那样平移后形成的就是轴对称图形。"你同意小明的看法吗?

【设计意图】问题1让学生进一步探究矩形(轴对称图形)沿一组等间距的平行线依次翻折后的规律,是课堂教学中活动1和活动2的自然变式;问题2以期引导学生在操作后进行思考——非轴对称图形连续平移后,所得到的图形之间是否存在一定的联系。这样的设计进一步培养了学生的发散性思维,能提高了学生的学习能力。

8.6.2 对"翻折与平移"综合实践课教学设计的分析

第一,教学设计中的所有部分在该设计中都得到了体现,因此,这是个结构相对完整的教学设计。

第二,教学目标设计中存在一些问题。该设计中的教学目标分成三个部分,但第二个部分是能力与方法,这与我们通常所说的过程与方法有点区别,尽管过程与方法中也包括能力部分,但采用约定俗成的名称应该更为适合。在这一部分中,设计者提出要学生体会数形结合和从特殊到一般的数学思想。这里需要注意,数形结合是一个重要的数学思想,但特殊到一般是人的一种重要的认知特点,一般我们不将这些人的认知特点与数学思想相混淆。数学学习其实也是学生认识数学的过程,当然人的认知特点在数学学习过程中也会发挥重要的作用,但数学思想有特定的内涵,它是数学发生发展过程中体现出来的一种认识,二者不应该混淆。

第三,在教学过程的设计中采用准确的师生对话形式,这是不合适的,关于这一点在前面有过解释。

第四,这是一篇综合实践课的教学设计,但是从教学过程来看,说它是一种数学探究课似乎更为合适,因为学生在教师的引导下对图形变化规律进行探究。这与前文所说的综合实践课的教学有相当大的差别,说明设计者对于综合实践课的含义是不清楚的。

请读者根据以上分析对该教学设计进行修改。

习题

1. 请分析数学建模教学的意义。
2. 请进行一节数学建模课的教学设计。
3. 请分析综合实践课的教学意义。
4. 请进行一节综合实践课的教学设计。

课外阅读材料

[1] 刘来福. 高中数学建模[M]. 北京:北京师范大学出版社,2019.
[2] 黄雄,陈文强. 初中数学"综合与实践"课程教学改革研究[M]. 厦门:厦门大学出版社,2019.

第9章 现代信息技术与数学教学设计

接下来的两章虽然也是在介绍数学教学设计,但与前面具体的、不同课型的教学设计介绍不同,它们将分别介绍现代信息技术手段下的数学教学设计以及在社会视角下进行的数学教学设计,这与当前现代信息技术的广泛使用以及在数学课堂中小组合作学习的普及相对应。

传统的数学教学与今天的数学教学在内涵上有不少差别,不过二者有一个十分明显的外在差异,那就是后者使用了各种现代信息技术。和传统的数学教学相比,今天的数学教学是在现代信息技术背景下的数学教学,今天的数学教学设计则是要将现代信息技术作为数学教学的一个重要成分。

本章对数学教学中的现代信息技术进行了说明,并给出了基于现代信息技术下数学教学设计的思路。通过本章的学习,读者应该对于中学数学教学中现代信息技术的使用有清楚的理解,并且能在教学设计中有意识地考虑现代信息技术的运用。

9.1 理解数学教学技术

社会和数学教学之间具有很密切的关系。数学教学通过提高人的素养(数学素养应该是人的素养中重要的一方面)促进社会的发展,而社会也从许多方面影响数学教学,为数学教学提供各种条件是其中的一个方面。在今天,就表现在社会为数学教学提供各种现代信息技术。

教学技术对于学校教学来说是一个比较古老的概念,从有学校教学开始就有相应的教学技术,但在今天的教学中人们谈到教学技术一般是指现代教学技术,而现代教学技术主要又是指那些以电子技术为基础的技术。传统的教学(包括数学教学)中也会涉及很多技术,例如,传统的数学教学中用到的幻灯机甚至胶片电影都是教学技术。

我们可以将数学教学中运用的现代信息技术进行一个简单且不严格的分类。可以将数学教学中运用的现代信息技术分成硬件和软件,如电脑是硬件而课件是软件。还可以将软件分成一般的教学软件和数学教学软件,前者如Powerpoint和Excel,后者如几何画板。一般的教学软件是在很多学科的教学(如物理和英语)中都可以广泛使用的软件,显然,在这些学科的教学中,Powerpoint都可以作为制作课件的软件,而这些学科中简单的统计和绘制表格都可以用Excel。数学教学软件一般是指用在数学教学中作为处理学科教学任务的软件,例如,几何画板基本上就是用在数学教学中,在其他学科中一般不会使用。光有硬件而没有软件是不行的,但有一种现代信息技术是将软件和硬件整合在一起的,那就是计算器。计算器可以分成科学计算器和图形计算器,在我国一般使用的是科学计算器。在我国的数学课程标准中就明确提倡使用科学计算器。近年来,图形计算器如TI计算器进入了很多高中,成为一些中学数学实验室的主角,高中生们可以利用图形计算器进行数学探究,不过对于图形计算器,数学课程标准中并没有明确涉及,但不管怎样,作为一种数学探究的手段,图形计算器是有其教学价值的。近几年来,电子白板得到了很广泛的运用,在一些条件好的地区的中小学已经成为其标配之一,而电子白板也具有将软件和硬件整合的特点,在电子白板中整合了许多学科教学中需要的材料,如数学教学中需要的各种图形。

现代信息技术在数学教学中的合理使用,可以极大地促进学生的数学发展,这已经被数十年来的理论和实践研究所证实。因此,现在的问题早已不是在数学教学中是不是应该使用现代信息技术,而是如何合理有效地使用现代信息技术,以及如何使用现代信息技术可以更好地促进学生的数学发展。这方面的研究国内外每年都有很多成果。

现代信息技术在数学教学中的价值已经为各国所认可。在几乎所有的国家或数学教育团体推出的数学课程标准或相关文件中,无不强调现代信息技术在数学教学中的使用。全美数学教师协会(NCTM)在其《学校数学的原则和标准》(*Principles and Standards for School Mathematics*)中,将技术原则作为数学教学的六个基本原则之一(其他五个原则是平等原则、课程原则、教的原则、学的原则和评价原则),并强调:对于数学教学来说,技术是根本的,它影响着数学教学并促进了学生的数学学习。可以看出,NCTM对于技术在数学教学中的运用是非常重视的,它将技术的作用看成是根本的,换句话说,技术对于数学教学来说是必不可少的。数学教学就必须要用技术,它是基于技术的教学。将技术作为数学教学的一个原则,它是与数学教学中的平等等原则处于同一层次的东西,因此其重要性不言而喻。而我国的数学课程标准对于技术的作用也给予了充分的肯定,其重视的程度并不亚于NCTM。

我国《义务教育数学课程标准(2022年)》的理念第五部分是"促进现代信息技术与数学课程融合",该部分指出:"合理利用现代信息技术,提供丰富的学习资源,设计生动的教学活动,促进数学教学方式方法的变革。在实际问题解决中,创设合理的信息化学习环境,提升学生的探究热情,开阔学生的视野,激发学生的想象力,提高学生的信息素养"。可以对这该内容进行如下理解:第一,现代信息技术在数学教学中的运用应该是合理的,合理即符合科学的道理,即现代信息技术可以真正地、更好地促进学生的数学学习,而不是为了技术的使用而使用技术。第二,现代信息技术在数学教学中的使用有两个基本的作用,它们分别是提供丰富的学习资源和设计生动的教学活动。随着互联网的发展,与数学和数学教学有关的内容越来越多,同时也出现了良莠不齐的情况。因此,教师应该根据教学内容和学生的特点,为学生提供合适他们使用的网上资源。运用现代信息技术可以设计生动的教学活动,视频和动画等可以使教学活动更生动、有趣,这对于调动学生的学习积极性以及更好地帮助学生理解新知识等都具有积极的意义。值得注意的是,现代信息技术在数学教学中的运用,将使某些传统的数学教学方法发生改变。例如,学生使用现代信息技术探究数学规律与传统的探究数学规律就会有很大差别。因此,教师应该研究基于现代信息技术的数学教学方法。第三,在数学教学中,教师要运用现代信息技术创设信息化的学习环境,也就是说,教师要运用现代信息技术进行教学情境的设置,在教学过程中,教师合适地运用现代信息技术向学生展示教学内容,学生基于现代信息技术进行知识的探究和理解等,简单地说,现代数学教学应该是基于现代信息技术的教学,将现代信息技术融入到数学教学之中。第四,要提高学生的信息素养。这里的信息素养准确地说应该是数学信息技术,它是指学生在数学学习中能够明确什么时候需要选择什么样的现代信息技术以及如何恰当地运用现代信息技术,显然,学生的数学信息技术对于现代信息技术背景下的数学学习是必要的。

《普通高中数学课程标准(2020年)》虽然没有单独列出现代信息技术与数学教学的关系,但在第三点"把握数学本质,启发思考,改进教学"中明确提出:"注重现代信息技术与数学课程的高度融合,提高教学的实效性"。因为高中数学教学是初中数学教学的继续,因此,在高中数学教学中,义务教育阶段对于数学教学中运用现代信息技术的要求仍然是适用的。在高中数学教学中要特别注重将现代信息技术和数学课程进行高度融合,"高度"是强调现代信息技术运用的程度高,或者说,在数学教学中要尽可能高水平地运用现代信息技术。尽可能从量的角度来看现代信息技术的使用,而高水平则是从质的角度来看现代信息技术的使用。从质的角度来看,现代信息技术的使用能够呈现在传统的数学教学中难以呈现的课程内容,例如,一些数学内容的动态性(如用现代信息技术展示椭圆形成的动态过程就很简单,而在传统的数学教学中是很困难的。另外,这种动态的展示也使学生较好地抓住了椭圆的本质特点)。而无论是从量的角度还是质的角度,都是为了提高数学教学的实效性,也就是说,现代信息技术在数学教学中的运用有效地促进了学生的数学学习,包括对数学知识和技能的理解、对数学思想方法的掌握、对数学能力的提升以及对数学本质的认识等。在数学教学中运用现代信息技术的根本目的是使学生更好地学习数学,只有能促进学生更好地进行数学学习的现代信息技术才是有价值的,而更好地学习数学就是能够取得实际的效果,如果在教学中使用某种现代信息技术和不使用该技术在促进学生的数学学习上并没有什么区别,那么这样的技术可能就没有使用的必要了。最后要强调一点,那就是在数学教学中运用现代信息技术应该使学生对数学的本质有更好的认识。掌握了数学的本质才是真正地掌握了数学。数学的本质在于其是对现实的抽象,是人脑思维的结果,是具有严谨性且广泛运用的,数学学习在很大程度上就是要使学生认识数学的本质属性,现代信息技术的使用能够有助于该目的的实现。

简单地说,各国对于现代信息技术在数学教学中的使用给予了高度的关注,并提倡在数学教学中能积极合理地使用现代信息技术。现代信息技术在数学教学中的使用是数学教学发展的趋势。作为教师,唯有遵守课程标准的要求,积极合理地使用现代信息技术才是正确的做法。如果现在还在怀疑现代信息技术的教学价值,并在教学中消极对待甚至抵制它的使用,那么这就不应该了。

9.2 现代信息技术与数学教学设计

传统的数学课堂教学包含三个基本成分,即教师、学生和数学教学内容。从社会学的角度来看,数学课堂教学就是教师和学生以及学生和学生之间的社会互动,而他们之间互动的中介就是数学教学内容,即他们之间是通过数学教学内容而进行互动的。在这样的背景下,数学教师的教学设计就要考虑针对什么样的数学教学内容、师生之间如何互动以及互动要达到什么目的。简言之,传统的数学教学设计就是针对一定的数学内容,设计如何进行师生互动从而达到一定的目的。如果从数学教师专业发展的角度来看,为了在数学课堂教学中实现有效的互动,教师需要具备数学的知识、学生的知识以及数学教学的知识,而数学教学的知识正是所谓的PCK(学科教学知识)。

在现代信息技术条件下的现代数学课堂中,基本的构成成分已由原来的三个变成了四个,即教师、学生、数学教学内容和现代信息技术。这四个因素之间的关系是师生之间运用现代信息技术手段以一定的数学内容为中介而进行互动。因此,教师的数学教学设计不仅要考虑学生、数学教学内容及现代信息技术,还应该考虑在现代信息技术的条件下,师生之间如何就一定的数学教学内容进行互动。再从数学教师专业发展的角度来看,为了在课堂教学中实现有效的互动,教师应具备数学的知识、学生的知识、现代信息技术的知识以及基于现代信息技术的数学教学知识,即TPCK(整合技术的学科教学知识)。

教师在运用现代信息技术进行数学教学的教学设计时应该注意以下几点。

第一,在教学过程设计中合理地选择现代信息技术。几十年来的理论和实践研究都已经证明了合理地运用现代信息技术可以更为有效地进行数学教学和极大地促进学生的数学学习,因此,现在的问题并不是是否应该使用现代信息技术而是如何合理地运用现代信息技术。需要明确的是,现代信息技术在数学教学中的运用与现代信息技术的一般运用均具有双刃剑的作用,即适当地使用能取得正面的效果,而不适当地使用往往能产生负面的影响。那么何为合理?如果现代信息技术能够促进学生的数学发展,那么它就是合理的。实际上,在数学教学中何止是现代信息技术,所有的教学方法、教学模式都是如此,即能促进学生的发展就是合理的,反之就是不合理的。例如,当学生刚学习了一元二次求根公式,那么通过笔算练习使学生熟悉该公式的使用是很有必要的,如果此时直接让学生通过计算器或现代信息技术手段来解一元二次方程,那么现代信息技术的运用就不够合理。因为这样做,现代信息技术的使用就会影响学生对知识技能的掌握。至于在教学中选择什么样的现代信息技术,可以以简单方便为原则,即如果使用计算器就可以解决的话,那就不要用计算机。

第二,在学生解决问题的过程中现代信息技术和大脑的合理分工。数学教学中会涉及解决问题,如做例题和课堂练习等。学生在解决这些数学问题时也要运用现代信息技术。教师在解题的教学设计中要明确,涉及数学思维的就应该由学生去做,因为数学学习的核心目的之一是发展学生的思维能力,而这需要学生在解决问题的过程中运用思维,只有那些程序性的工作或繁杂的运算才交由现代信息技术去完成。我们经常说现代信息技术与课程的整合,而对于学生的数学学习来说,则要做到现代信息技术与大脑的正确分工。

第三,教师要明确在数学教学中使用现代信息技术的根本原因是它可以做那些传统数学教学中难以做到或做不到的事情,而这些事情可以使学生更好地学习数学。例如,在新概念的教学中,某些概念(如椭圆)通过动态的形式进行展示会有更好的教学效果,而在传统的数学教学中,动态展示并不容易做且效果不好,运用现代信息技术就可以很好地做到这些。如果教师需要学生在课外阅读一些与教学内容相关的材料,这在传统的教学中做起来并不容易,但通过网络学生就可以很容易地找到相关材料。

第四,课件与板书的设计问题。这个问题在前文已有涉及,这里再强调一下。板书设计本来就是数学教学设计的一部分,在传统的数学教学中,板书设计是一件非常重要的事情。据说,西方的数学教师对于板书是比较随意的(那就意味着西方的数学教师不会进行板书设计),但是如中国和日本等的教师一般来说对于板书是非常重视的,这样板书就需要在课前进行特别的设计。传统的板书讲究"写什么""怎么写""写在哪"。"写什么"是指哪些内容要写在黑板上,"怎么写"是指以什么样的形式写在黑板上,而"写在哪"则是指所写的内容应该写在黑板的什么位置。在传统的数学教学中,除了教师的口语外,板书基本上就是向学生传递数学教学信息的唯一来源。但是,在今天基于现代信息技术条件的数学课堂中,教学课件也是向学生传递数学教学信息的重要来源。也就是说,除了教师的口语外,还有板书和课件传递着数学教学信息。这样,在现代的数学教学设计中,不但要进行板书的设计,还要进行课件的设计,这就涉及板书和课件二者配合的问题。一般来说,课件可以呈现动态的内容,如视频等。将这些内容通过课件设计出来,显然是利用了课件自身的优势。对于那些特别重要的内容(如新学习的概念和定理公式)以及过程性的内容(如解题过程)一般是通过教师板书的方式进行展示的,而这就是利用了板书的优势。在现行的数学教学中,可以看到教师在课件和板书使用上存在着两个问题:一是以课件为主,板书很少使用。无论是语言性内容还是图片、视频内容都在课件中展示,无论是结论性的内容还是过程性的内容都由课件给出。二是课件的内容具有连续性,从课题到作业所有的环节都在课件中以连续的方式给出。将课件作为教学设计中的主要部分,甚至教材的完整内容都在课件中表现出来。通过以上分析,这两种课件和板书的使用方法都是不正确的。

9.3 现代信息技术条件下数学教学设计的案例及分析

9.3.1 "圆周角"教学设计

1. 教学目标

知识与技能:了解圆周角的概念并证明圆周角的定理,探索圆周角与圆心角及其所对弧的关系。

过程与方法:通过对圆周角定理的探索,经历发现、构想和归纳的智慧思维过程,体会分类、化归、由特殊到一般等数学思想,学会从数学的角度思考问题。

情感态度与价值观:积极参与数学活动,在探索、交流的过程中增强合作能力,通过解决问题增强自信心,培养数学的应用能力。

2. 教学重难点

利用几何画板探索圆周角与圆心角的关系;通过分类讨论,推理和验证圆周角与圆心角的关系。

3. 教学方法

本节课以微信任务推动教学,情境与教学内容双主线并行。学生通过观察发现、自主探索、合作交流,探究圆周角和圆心角的关系并验证。教师设置情境化的课堂学习任务单,多种现代信息技术手段(如交互式电子白板、几何画板、平板电脑、微课、理想云平台等)辅助,启发式设疑引导学生,并最终帮助学生完成对圆周角定义、圆周角定理及其应用知识体系的构建。

4. 教学过程

本节课分三个步骤开展教学(图9.1):课前创设情境,提出问题;课中自主探究、交流分享和巩固新知;课后分层练习,因材施教。

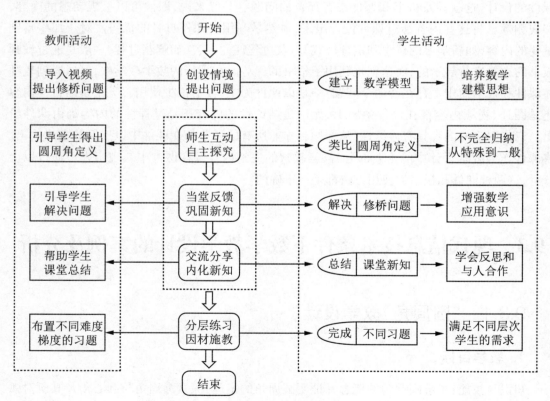

图9.1 教学流程图

(1) 课前创设情境,提出问题。

教师活动:导入 Google Earth 视频,介绍棕榈岛;向学生展示收到的微信,提出修桥问题。

学生活动:观看教师提供的视频,并进行小组间的讨论,尝试建立模型。

【设计意图】通过 Google Earth 视频,交叉学科融合,点滴渗透人文关怀;通过微信提出问题,引导学生学会在具体情境中从数学的角度发现问题和提出问题,培养模型思想。

支撑条件:教师利用电子书包为学生推送 Google Earth 视频和微信聊天截图,让学生明确本节课的学习任务。

学习成果:学生明确了本节课的学习任务,并且学会了在具体情境中从数学的角度发现和提出问题。

(2) 课中自主探究、交流分享和巩固新知。

教师活动:提供三家公司的二维码及对应的知识点,引导学生一起总结出解决问题的思路;移动小船位置,引导学生总结特征,得出圆周角的定义;引导学生自主探索圆周角与圆心角的关系;引导学生解决修桥问题。

学生活动:画图,建模;扫描二维码,小组交流,分析方案;通过观察,类比圆心角的概念,讨论圆周角的定义;观看演示,小组讨论,得出猜想;观看几何画板的运动,分三种情形画出图形,写出证明过程,拍照上传,并自己演示讲解;解决修桥问题。

【设计意图】① 将传统的复习旧知以二维码扫描的方式在提出问题后融入课堂,让学生决定复习时间、复习内容,自主寻求学习支架,从已有的知识体系中提取有用的信息,寻找与新知之间的联系。② 通过观察,引导学生发现顶点在圆周上的角与其他角的不同,类比圆心角的概念给出圆周角的定义(图9.2)。③ 概念的辨析环节是教学中不可缺少的一部分,这将为后续知识的讲解做铺垫。④ 通过几何画板进行形象直观的展示(图9.3),引导学生进行不完全归纳、演绎推理、大胆猜想,体会从特殊到一般的教学思想。

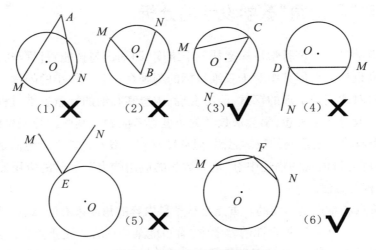

图9.2 辨别图形是不是圆周角

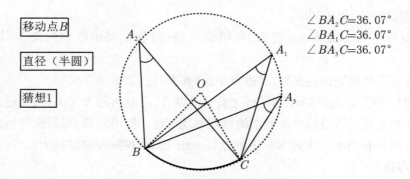

图9.3 几何画板探索圆周角和圆心角的关系

支撑条件：① 教师利用电子书包为学生提供二维码。② 教师用几何画板为学生演示圆周角与圆心角的关系。③ 教师利用电子书包的推屏演示功能展示学生的探究过程。④ 教师利用电子书包为学生发送利用Camtasia Studio软件录制的微课。

学习成果：学生从已有的知识体系中提取了有用的信息，并与新知之间建立了联系；学生通过类比，给出了圆周角的定义。

（3）课后分层练习，因材施教。

教师活动：课后利用理想人人通APP的教师端为学生提供不同难度梯度的练习题，进一步巩固本节课所学的内容。

学生活动：利用理想人人通APP的学生端做练习题，自测本节课的学习情况。

【设计意图】尊重学生的个体差异，分层布置作业，满足不同层次学生的学习需求，让作业成为课堂的延伸，也成为学生能力提升的机会。

支撑条件：教师利用理想人人通APP的教师端为学生提供练习题，学生利用理想人人通APP学生端进行练习，并提交答案。

学习成果：学生通过完成与自己学习情况相适应的习题，对本节课的内容有了更为深刻的理解。

9.3.2 对"圆周角"教学设计的分析

第一，关于教学目标。该教学目标是从三个维度（即知识与技能、过程与方法以及情感态度与价值观）来设计的。但其中对于三维目标的刻画存在着一些小的问题。对过程与方法的描述为：通过对圆周角定理的探索，经历发现、构想和归纳的智慧思维过程，体会分类、化归、由特殊到一般等数学思想，学会从数学的角度思考问题。其中，"智慧思维过程"与正常描述不同，分类和化归是重要的数学思想，但从特殊到一般不是数学思想而是一般的认知方法。对情感态度与价值观的描述中有"培养数学的应用能力"，数学的应用能力不属于情感态度而属于过程与方法。

第二，教学重点和难点是不同的。重点是从学科内容的角度来看的，难点是从学生学习的角度来看的。当然，在一节数学课的教学中，有可能某个内容既是重点也是难点，但在很多情况下，这二者是不同的，毕竟这是两个不同的概念。因此，在该教学设计中，简单地说教学的重难点是不合适的,因为不知道说的是重点还是难点,或者既是重点也是难点。

第三,教学方法应该用特定的词语来描述。常用的数学教学方法,如讲授法、探究法、小组合作法及自学法等,对于数学教育共同体来说,大家都清楚这些方法的意思。在该教学设计中,数学教学方法是通过对教学过程的概述来体现的,这种做法并不是说不对,但不符合约定俗成的做法。

第四,该教学设计中涉及一些现代信息技术,如微信、二维码和几何画板。教师将这些现代信息技术与教学内容整合在一起,极大地改变了传统数学教学的形态。现代信息技术广泛而深入地与数学教学内容有机整合将是今后数学教学的必然形态。值得注意的是,在课后的练习中,由于运用了现代信息技术即理想人人通APP,可以让不同层次的学生做适合自己的练习题,从而真正地实现因材施教。

请读者根据以上分析对该教学设计进行修改。

习题

1. 请分析说明为什么现代信息技术的使用会使数学教学产生巨大的改变。
2. 请任意选择中学数学教材中的一节内容进行基于现代信息技术的数学教学设计。

课外阅读材料

[1] 吴中才. 信息技术在数学教学中的运用[M]. 上海:华东师范大学出版社,2021.
[2] 杨维海. 高中数学课程与信息技术的整合[M]. 北京:光明日报出版社,2018.

第10章 社会视角下的数学教学设计

在前面的数学教学设计的介绍中我们并没有特别强调设计者的理论视角,实际上,在不同的理论视角或思想下所进行的教学设计会有所不同。例如,现在所提倡的对学生核心素养的培养就是一种重要的数学教育思想,这种思想下的数学教学会展现出不同的做法,即在教学活动的设计中更侧重于培养学生的核心素养。再例如,通过数学教学培养学生的创造力是当今一种重要的数学教育思想,那么,在这样的思想下进行的数学教学设计也会显示出自己的不同之处,即在教学过程中更强调学生的创造性思维的培养以及学生的数学探究活动。

从社会的角度来看,数学课堂教学其实就是一种社会活动,而社会活动的主体就是教师和学生。数学教学过程就是教师和学生以及学生和学生之间的社会互动,正是在这样的互动中,数学学习得以实现,数学教学目标得以落实。因此,教师在数学教学设计中,应该注重基于数学教学内容的、有效的社会互动。本章对数学教学中的社会互动进行了说明,并给出了基于社会视角下的数学教学设计的案例。

10.1 理解数学教学过程中的几种社会互动

数学教学过程就是师生互动的过程,因此,在数学教学过程中,互动应该是大量存在的。以下将对数学教学活动中的几种互动进行社会分析。

第一,课堂提问。数学课堂教学中教师的提问是一项进行得较多的活动,它具有很重要的作用。通过学生的回答,教师可以对学生的知识掌握程度、思维水平以及对数学的认识等多方面进行评价。传统的课堂提问的基本模式是:教师提出问题,学生回答问题,教师作出评价。这个模式实际上很好地体现了教师和回答问题的学生之间的互动,即教师首先向学生提出一个问题,然后学生向教师回答这个问题,最后教师对学生的回答进行评价。但是这个模式只强调了师生互动的形式,并没有强调其内容。为了使提问更为有效,教师首先应该提出需要学生通过思考才能回答的问题,而不是提出只要学生通过回忆就可以回答的问题,否则这样的师生互动的意义就非常有限。其次,应该给学生充分的思考时间,因为思考是需要时间的。最后,教师给学生的评价既要肯定其正确的部分也应该指出其不足之处。实际上,在教师和一个学生之间就数学问题进行互动时,教师也在和班级中的每个学生进行互动,只不过这样的互动是非语言的。教师提出的问题是面向全班同学的而不是对于单个学生的,所有的学生在接收教师所给出的问题后都开始积极地思考,尽管将自己的答案以明显的形式展示出来的只有一个学生,但当教师对那个回答的学生的答案作出评价时,其他的学生其实也将自己的答案与教师的评价进行了比较,从而明确了自己的答案是否正确并发现可能存在的问题。这样,即使教师是和班级中的一个学生就所提出的问题进行互动,实际上也是在与整个班级进行互动,只不过前者是显性的而后者是隐性的。因此,教师在课堂提问中不但应该要面向全体学生,而且也要注重全体学生对问题的思考和对自己评价的反应。

第二,教师讲授。在数学教学中,讲授法是一种极为重要的教学方法,无论是在传统的数学教学中,还是在基于新课程标准的现代数学教学中均是如此。讲授法具有高效的特点,这是其他任何教学方法都无法与之相比的,这种方法也可能是与数学学习最吻合的方法,想必人类的第一个教师在给学生上课时就是用的这个方法。讲授法也是一种容易被误解的教学方法,往往与"灌输式""填鸭式""机械学习"等负面的概念相提并论。而造成这种误解的原因很大程度上是并不清楚讲授法的本质。我们可以首先从教师讲授过程中的信息流动来看讲授法。当教师就某个数学问题进行讲解时,也就相当于给学生一定的信息。学生听教师的讲解也就接收了教师发出的信息,他们会对教师讲解的内容进行思考,也会将思考的结果通过各种方式(如直接向教师提出问题或通过其面部表情等)反馈给教师,而教师在接收到学生反馈的信息后会对自己的讲解进行调整。可见,在讲授法进行的过程中,信息在教师和学生之间进行流动,而信息流动的过程就是教师和学生之间互动的过程。我们还可以从思维的角度来看教师的讲解。数学教师在讲解时并不会简单地告诉学生一些数学内容,而是会在讲解的过程中提出大量的启发性问题,如"那么这个问题我们应该怎么解决呢?""接下来我们可以怎么办呢?""我们还可以怎么想?""为什么这样做不对呢?"等等。这些问题之所以被称为启发性问题,是因为学生在接收到这些问题后就会进行思考,或者说这些问题刺激了学生的数学思维。当然,教师提出了这些问题后一般来说并不会要求学生回答,而是在短暂的停顿后自己给出答案。对于学生来说,他们会思考教师提出的问题,并且将自己思考的答案和教师的答案进行对比。如果教师在讲解的过程中不断地提出这些启发性问题,那么学生就会不停地思考。这样,教师讲解的过程就是学生积极思考的过程,同时也是教师和学生互动的过程。从以上分析可以看出,在数学教学中,讲授法是一种非常好的教学方法。当然,如果不能很好地运用,那么讲授法完全有可能成为不好的教学方法,如在讲解的过程中由于不能提出很多启发性的问题而使学生缺少积极的数学思考,教师不注意学生的反馈信息而不能及时调整自己的讲解,等等。

第三,小组合作。如果对数学教学中学生的学习进行分类,那么其中一种分法就是个体探究和小组合作,前者是指学生通过自身的努力去获取知识及解决问题,而后者则是通过学生小组的协作努力而获取知识及解决问题。在传统的数学教学中一般是没有小组合作的,在我国的数学教学中,只是在2000年后的新课改中才将小组合作学习作为一种合理的学习方式提出来(在国外,小组合作学习要早一些),此后,小组合作学习开始出现在中小学数学课堂中,成为一种重要的学习方式。但是,一些教师对于数学教学中的小组合作学习并没有很好地理解,因而在实施中出现了这样或那样的问题。教师首先要明确的是,在数学教学中为什么要进行小组合作学习?其主要原因有以下两点:一是进行小组合作学习能够解决学生个体独立学习所无法解决的数学问题;二是进行小组合作学习有利于培养学生与他人合作的习惯和能力。以下将对这两点进行详细的说明。

第一，进行小组合作学习能够解决学生个体所无法解决的数学问题。和在日常生活以及各行各业的工作中所遇到的问题一样，在数学教学中，有些问题可以一个人解决，而有些问题一个人是难以解决的。这样的问题大致上有两类：第一类是动手实践类数学问题；第二类是难度较大的、个体难以解决的非实践类数学问题。我们先看第一类问题。由于今天的数学教学比较强调学生的动手实践（如综合实践课），因而这一类问题在今天的数学教学中是比较多的，尤其在小学阶段更多。许多动手实践本身就需要数个同学相互配合。例如，在"测量大树的高度"的教学活动中，就需要几个同学一起，有的拉尺子，有的用测角仪，有的记录，等等。显然，这类问题具有复杂性，一个学生只能完成其中的一部分，不同的部分合起来才是整个任务。相比于第一类问题，第二类问题并非是由于复杂而是由于难度太高以至于需要集数个学生的智慧才能解决。可见，无论是第一类问题还是第二类问题，问题本身是需要教师特别注意的，问题必须要几个学生在一起才能解决，否则这样的问题就不是合适的。有的动手实践类问题一个人完全可以完成，那么这样的问题让几个学生在一起合作完成就没有必要。同样地，对于一道数学题，如果学生独自就可以解决它，那么合作有什么必要呢？而像这样没有必要进行合作的小组合作学习在今天的数学课堂中并不鲜见。

第二，进行小组合作学习能够培养学生与他人合作的习惯和能力。学校教育就是要使学生具有将来能适应社会生活和满足工作所需的知识和能力。无论什么学科，其教学实际上都是为了这个最终目的而服务的，不过，不同的学科教学是根据自己学科的特点而以不同的方式服务于这个目的的。在学生今后的工作和生活中，他们不可避免地需要和他人合作来完成各种各样的工作。如果他们不具有与他人合作的习惯和能力，那么他们可能就难以进行正常的工作和生活。因而，在数学教学中，学生的合作学习在促进他们在数学上的发展的同时，实际上也培养了他们与他人合作的习惯和能力。值得注意的是，数学教学中的小组合作所培养的人与人之间的合作能力与一般学科教学中小组合作所培养的合作能力是有区别的。虽然在数学教学中的小组合作有动手操作上的合作，但从总体上看，更多的小组合作实际上是在解高难度的数学题，也就是说，在很多情况下，学生之间的小组合作是一种智力上的合作，而很多学科教学中的小组合作可能都具有动手操作的特点。数学教学中的这种智力上的合作可以视作合作的更深层次的形式，它在某种程度上体现了数学学科的特点。

以上我们介绍了数学教学中三种重要的社会互动。当然，除此之外，在数学课堂中还有其他形式的师生互动，例如，教师对个别学生的指导和同桌之间的讨论等。作为教师，要认识到课堂教学中师生之间以及生生之间互动的重要性，从学习社会学的观点来看，学生的学习其实就是在互动中形成的。

10.2　从社会互动的角度对数学课堂教学进行设计

教师在教学过程的设计中，要将社会互动放在一个重要的位置。我们已经知道，教师对于数学教学过程的设计,实际上是对于构成教学过程的一个个数学教学活动的设计。也就是说,在每个教学活动的设计中,教师都应该明确在该活动中涉及什么样的社会互动以及如何使这样的社会互动更为有效。

在教学活动的设计中,教师要根据教学内容和学生的特点进行师生互动和生生互动的设计。如果在某个活动中教师希望设计一个教师提问的师生互动,那么,教师就应该设计出所提的问题以及回答问题的大致的学生。只有在设计中设计好要提出的问题,才能使提出的问题有更高的质量;只有在设计中设计好回答问题的大致的学生,才能体现因材施教的思想。如果在某个活动中教师希望运用讲授法,那么教师在设计时应该设计好启发性的问题,只有这样才能使教师在讲解的过程中更好地进行师生互动。如果在某个活动中教师希望学生之间能有互动,那么他就必须设计好互动的方式(如同桌的讨论或不同小组的竞赛等),以及互动的内容。以下我们将更为详细地分析基于困难问题解决的小组合作学习过程。

教师在设计中要根据数学教学内容和数学的特点,确定小组合作要解决的问题以及小组的大致构成,在这之后就可以进行小组合作了。作为一种学习形式,小组合作强调了小组成员之间的社会互动。但是,当作为一种教学方法时,小组合作中既有小组成员之间的社会互动,也有教师和学生之间的互动,甚至有不同小组之间的互动。教师可以按照如下环节来设计小组合作学习:第一个环节是个体探究。在该环节中,小组中的每个成员首先认真地进行个体的思考,找出可能的解决问题的途径与方法。一般来说,在这一阶段,每个成员即使努力也不可能给出问题的解决方法,否则这样的问题难度过小从而不需要小组合作了。第二个环节是思想展示与质疑辩解。在这个环节中,小组的每个成员向其他成员展示自己的解题思路,其他成员则在认真倾听的基础上对该成员的解题思路进行质疑,而被质疑的成员则对自己的思路进行辩解。该环节有十分明显的社会互动,即成员之间就解题思路进行的互动,就其中两个成员来说,他们的互动方式是展示思路、质疑思路和辩解思路。第三个环节是个体再探究。通过第二个环节的成员互动,来自不同成员的思路会对每个成员产生极大的启发(前面所提到的那句话,即在社会互动中形成学习是有一定道理的),因为不同的成员往往具有不同的数学思维方式,他们对于问题的思考来自于不同的角度。在他人的启发下,加上自己的进一步思考,部分学生会找到解决问题的方法从而解决问题。如果每个成员还是不能解决问题,那么就说明了问题的难度过大,即使小组合作也无法解决。值得提醒的是,这个环节虽然也是个体探究,但它与第一个环节的个体探究不同。在第一个环节,小组成员是在没有受到其他成员的启发下进行的探究,而在这个环节中,成员的探究是在其他成员启发的基础上进行的(这有点类似于学生在教师启发前和启发后的情形)。第四个环节是解决问题。在这个环节中,小组成员将自己对问题的解法进行展示,成员间通过讨论,确定哪些是正确的哪些是不正确的,并且通过对比,在正确的答案中确定一个最好的解法作为小组成员集体对于该问题的解答。第五个环节是班级互动。每个小组将本小组对问题的解决结果向全班进行展示,接受其他小组的质疑并进行辩解,最后通过全班讨论得到对本问题的最好解答,至此,整个小组合作结束。需要注意的是,教师在小组合作期间并不是无所事事,他其实也会以各种方式和小组或其成员进行互动,如教师可能会巡视不同的小组以确保每个小组都能解决数学问题,他也可能会在某个小组无法顺利解决问题的情况下给该小组一定的启发,等等。下图是小组合作的环节构成(图10.1)。

图10.1　小组合作教学环节

对于数学课堂教学中小组合作学习的设计,有几点是特别需要强调的。其一,不是所有的数学问题都需要进行小组合作。就非实践性问题来说,小组合作所要解决的数学问题,一定是有很高难度的题目,需要集小组中所有成员的智慧才能解决。但在实际的教学中,教师往往会任意选择一个题目让学生进行小组合作,这可以称为在问题选择上的随意性。没有一个合适的问题,小组合作就难以实质性地开展。其二,小组合作是否能顺利进行与数学课堂文化是有很大关系的。从前面对于小组合作程序的说明中可以看出,如果数学课堂中没有平等、合作和分享等文化,小组合作是无法顺利进行的,因此建立一个良好的数学课堂文化对于包括小组合作学习在内的数学活动的顺利进行都是非常重要的。其三,在小组合作学习的过程中,教师的主导作用和学生的主体地位也同样需要得到保证。教师的主导作用表现在设计出小组合作所要解决的问题,并在小组合作的过程中对学生合作学习的内容和方向进行监控以保证合作学习顺利进行。学生的主体地位表现在解决数学问题是学生独立思考和合作学习的结果,正是他们之间的合作互动最终解决了问题。

基于社会互动的数学教学设计并不意味着前面所介绍的各种课型的设计方式是需要改变的。实际上,前面所介绍的各种课型的设计方式在社会互动的视角下仍然是可行的。例如,概念形成的教学过程设计仍然是复习旧知、课题引入、典型事例、找出共同点、得到新概念、理解新概念及总结反思。有所不同的是,这些环节都是在社会互动的视角下设计的,或者说,这些环节的设计都特别考虑到了在该环节中师生和生生互动的形式以及互动的内容,正是基于这种考虑,使得整个设计呈现出不同于其他设计的特点。

10.3　基于社会互动的数学教学设计案例及分析

10.3.1　"函数的奇偶性"教学设计

1. 教学目标

(1) 知识与技能。
① 理解函数奇偶性的概念。
② 学会判断函数奇偶性的方法,能判断简单函数的奇偶性。
(2) 过程与方法。
① 通过设疑引入和学生思考问题、动手解决问题的过程,培养学生观察、类比、归纳的能力,同时渗透数形结合及特殊到一般的思想方法。

② 在问题解决的过程中,发展学生的探究能力、交流沟通的能力和判断反思的能力。经历奇偶性概念的形成过程,提高观察抽象能力以及从特殊到一般的归纳概括能力。

(3) 情感态度与价值观。

通过自主探索,体会数形结合的思想,感受数学的对称美。

2. 教学重难点

重点:奇函数和偶函数的定义、图像特点及其判断的几何意义。

难点:奇偶函数概念的形成和函数奇偶性的判断。

3. 教学准备

为了方便学生讨论交流,根据班级总人数将学生分为四人一小组,其中包含一位成绩好的同学,两位成绩中等的同学和一位成绩差的同学,按照性格特征对四位同学进行任务分工,分别将他们任命为协调员、记录员、汇报员、质疑员,让他们围成一圈坐好。

4. 教学过程

(1) 复习导入。

师:上节课我们学习了函数的单调性,这节课我们将要学习函数的另一个性质。在学习新课之前,请同学们和我一起观察下面几张图片(图10.2),这些图片具有什么特征?

图 10.2

师:那你能分别说出它们是轴对称图形还是中心对称图形吗?

(点名回答,题目难度较低,可以提问程度较差的学生)

师:生活中的对称处处可见,函数也具有这样的性质,这节课我们就一起来学习函数的对称性,也就是函数的奇偶性。

(板书课题:函数的奇偶性)

【设计意图】初中阶段学生已经学习过轴对称图形以及中心对称图形,教师运用建构主义理论,通过已有的知识引入帮助学生建立两者之间的联系。在点名提问之前给学生几秒的思考时间,培养学生独立思考的能力,激发学生的学习积极性。

(2)新课讲授。

探究1:

师:观察以下图像(图10.3),从图像对称的角度对图像进行分类,说说它们体现了哪种对称?

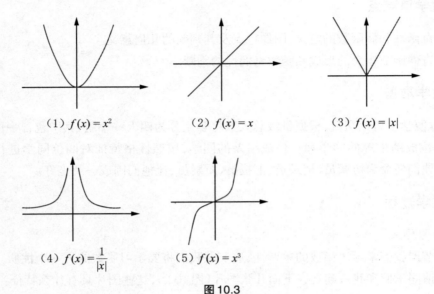

图 10.3

生:轴对称与中心对称。

师(追问):是关于哪个轴对称呢?

生:关于 y 轴对称。

师:请同学们将下面的表格补充完整,并作出函数的图像。

x	⋯	−3	−2	−2	0	1	2	3	⋯
$f(x)=\|x\|$	⋯								⋯

师:图像是关于什么对称的? 根据表格中取得的点坐标,你发现了什么?

生1:图像关于 y 轴对称,自变量取−1和1的函数值相同。

生2:自变量取−2与2的函数值也相同。

生3:自变量互为相反数时,函数值相同。

师:也就是说,这个函数的自变量互为相反数的时候,对应的函数的值相同。

师:小组成员合作讨论函数 $f(x)=x^2$ 的图像,再观察表格,你能看出什么? 它是不是轴对称图形? 满足刚才的特性吗?

(根据之前的小组分工,由汇报员先讲自己的观点,即应当如何画函数的图像,记录员进行记录,质疑员和协调员进行补充说明,讨论结束后以小组为单位进行汇报)

小组1:我们小组作出的图像是关于 y 轴对称的。

小组2:我们小组列表得到的结果和刚才的规律一致。

师(总结):当自变量 x 在定义域内任取一对相反数时,相应的两个函数值相同,即

$f(-x)=f(x)$。

总结:对于函数$f(x)$定义域内的任意一个自变量x,都有$f(-x)=f(x)$,那么这个函数叫作偶函数。

【设计意图】教师给出简单的函数图像,学生从中体会数形结合的数学思想。通过观察函数图像的性质总结出一般规律,在这个过程中可以培养学生独立思考的能力、总结归纳的能力、倾听他人的能力等,对于合作技能的提升有较大的帮助。在初步观察得到规律时,教师启发学生采用合作学习的方式学习,营造出了良好的交流环境,培养了学生的合作意识。

探究2:

师:请同学们小组合作探究下面这个问题:图像关于原点对称的函数与函数式有怎样的关系?仿照偶函数你们能给奇函数下定义吗?(完成教材中的观察活动及表格)

小组1:我们小组代入互为相反数的自变量发现函数值也相反,即奇函数满足$f(-x)=-f(x)$。

小组2:关于原点对称的函数,当自变量取互为相反数时函数值也互为相反数。

总结:对于函数$f(x)$的定义域内任意一个自变量x,都有$f(-x)=-f(x)$,则这个函数叫奇函数。

【设计意图】在探究1中教师已经给出了偶函数的定义,在探究2中教师引导学生采取类似的方法通过小组合作学习的方式得出结论。讨论过程中教师走下讲台,参与到学生的讨论中,给予学生有效的指导,小组成员互相讨论、互相帮助,不仅加深了对知识点的理解,而且能更快速地掌握函数的性质。

(3) 概念剖析。

师:观察下面函数的图像(图10.4),回答下列问题。

$$y=x^3, x\in(-4,3)$$
$$y=x^2, x\in(-3,2)$$

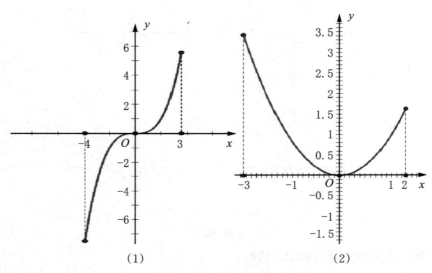

(1)   (2)

图10.4

① 如果一个函数图像关于y轴对称或关于原点对称,我们也称其具有奇偶性,那么这样的函数定义域具有什么样的特点?

② 如何理解函数的定义域中任意一个x?请将下列表格补充完整。(学生组内互助补充完整)

奇偶性	奇函数	偶函数
定义		
图像性质		
判断步骤		

小组汇报结束时,教师分别对组内成员的合作学习的态度及合作学习中的表现,小组结论的内容是否完整、逻辑是否清晰,小组成员之间是否合作互助,与其他小组能否合作共赢等方面作出客观合理的评价。

【设计意图】这里主要是为了研究两个问题:一是当函数图像具有奇偶性时,函数的定义域具有什么样的特点;二是任意的含义。教师通过有效的引导让学生更快地得到结论,在填表的过程中教师走下讲台对小组给予适当的点拨。汇报小组成果后,教师根据讨论的过程分别给予学生个人评价与小组评价,提高学生的学习积极性。

(4) 巩固练习。

例1:判断下列函数的奇偶性(图10.5)。

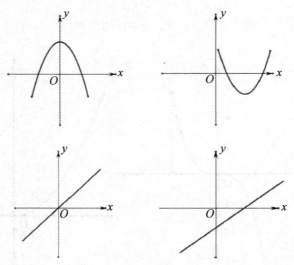

图10.5

例2:用定义判断下列函数的奇偶性。

(1) $f(x) = x^4$

(2) $f(x)=x^5$

(3) $f(x)=\sqrt{x}$

(4) $f(x)=\dfrac{1}{x^2}$

例3：已知函数$y=f(x)$是偶函数，它在y轴右边的图像如图10.6所示，画出该函数在y轴左边的图像。

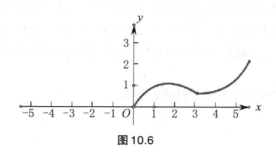

图 10.6

(5) 课堂小结。

以小组为单位，汇报以下问题：

① 本节课探究了哪些内容？

② 运用了什么数学思想？

【设计意图】小组成员之间先互相讨论，在汇报的过程中相互补充，组内成员积极互助，有利于提高学生的合作意识。

10.3.2 对"函数的奇偶性"教学设计的分析

第一，该教学设计的环节不够完整。缺少教学方法和板书设计。在教学过程中还缺少布置作业。这些缺少的环节每一个都是重要的，不应该遗漏。

第二，数学教学目标虽然是按照三维目标设计的，但其中有些表述是有问题的。一方面，在过程与方法中将特殊到一般归为数学方法（这种错误的说法在前文已经有过分析），同时又将特殊到一般归为归纳概括能力，说明了设计者对于特殊到一般的认识与理解不够；另一方面，在情感态度与价值观中提出让学生体会数形结合的思想，这种对于数学思想的体会应该属于过程与方法维度。

第三，虽然教学设计中给出了教学准备，但是阅读所给出的教学准备就不难发现，这里的教学准备并不是我们所说的教学准备。正常教学设计中的教学准备是指为课堂教学所准备的物质性材料，如三角板、课件、立体模型等。而本教学设计中的教学准备是指为小组合作所进行的四人一个小组的分组准备。就设计中的教学准备来说，设计者给出的小组构成是每组四个人，并且每一个小组中成绩好的一人，成绩中等的两人，成绩差的一人。一方面，学习小组并不是一定要准确的四个人。另一方面，要在每一个小组中按照成绩好一人、成绩中等两人、成绩差一人进行组织，通常情况下显然是不现实的。

第四，在教学过程的设计中也采用了师生对话的形式，其不足之处已在前文进行过分析。

第五，在教学过程的设计中最特别之处是小组合作。在该设计中，有四次小组合作，其中包括小组合作探究$f(x)=x^2$的图像特征，从而得到偶函数的概念；探究图像关于原点对称函数的函数式以及奇函数的定义；概念剖析部分的问题解决；课堂小结。作为一种数学教学方式或教学方法，小组合作在一节课中使用的次数较多。小组合作对那些难度过大的问题来说是比较合适的，也就是集众人之力才能解决的问题，而这四次小组合作是不是都非常合适是值得商榷的。例如，第二次小组合作可能由于解决的问题相对来说较为简单，因而没有必要采用小组合作的方式进行。另外一点值得注意的是，所设立的四人学习小组中分成协调员、记录员、汇报员、质疑员，其目的是使四个人有更多和更深入的交流，从而更好地解决问题。

请读者根据以上分析对该教学设计进行修改。

习题

1. 请分析如何确定小组合作中数学题的难度。
2. 请任取中学数学教材中的一节内容进行基于社会视角下的数学教学设计。

课外阅读材料

[1] 张晓贵. 数学教学社会学[M]. 合肥：中国科学技术大学出版社，2017.
[2] 胡庆芳. 有效小组合作的22个案例[M]. 上海：华东师范大学出版社，2015.

第11章 有效数学教学实施的条件

在完成了一节课的教学设计后,接下来就要进行实际的数学课堂教学,即进行数学课堂教学实施。数学课堂教学实施是指教师以数学教学设计为依据进行课堂教学从而实现教学目标的过程。教学设计是一回事,而实际的教学则是另一回事,但是这二者之间是有联系的。本书将分两章(第11章、第12章)来讨论中学数学教学实施。这一章介绍有效的中学数学教学实施的一些条件,下一章介绍中学数学教学实施的几个原则。

有效的数学教学实施的条件显然具有多样性。例如,数学教学的硬件条件很显然是非常重要的,如果没有充分的现代信息技术,那么在今天的数学教学中很难谈得上进行有效的教学。再例如,大的社会环境对于有效的数学教学也是很重要的,如果没有一个有助于学生积极主动进行数学学习的社会环境,也很难进行有效的数学教学。本章主要聚焦数学教师的素养和数学课堂文化环境,因为这两个条件对于有效的数学教学来说是特别重要的,更重要的是这两个条件在某种程度上都是与教师有关的,是教师通过自身的努力可以改善的。

通过本章的学习,读者应该明确数学教师自身的素养对于有效的数学教学实施的重要作用,理解教师素养包含的三个主要方面,即信念、知识和能力的含义,读者还应该理解数学课堂文化的内涵以及它对于有效的数学教学实施的意义。

11.1 数学教师的素养与有效的数学教学实施

教师是数学教学的主导,可想而知,教师的素养对于课堂教学来说是至关重要的。那么,如果要进行有效的数学教学实施,那么数学教师需要具备哪些素养呢?作为数学教师,其与数学教学相关的素养应该会涉及多个方面,下面将从三个主要的方面来谈一谈。

一是数学教师的信念。信念是指一个人在长期的社会活动中形成的对某些问题的比较稳定的看法,因此,数学教师的信念就是指他们对于数学以及数学的教和学比较稳定的看法。因为一个人的信念会在很大程度上决定其行为,所以对于数学教师来说,其对于数学教学的信念就会在很大程度上决定其课堂教学中的行为("很大程度"意味着数学教师在数学课堂上的行为不完全是由其信念所决定的,例如,数学教师的内心确信合理地使用现代信息技术可以促进学生的数学学习,但是如果所在的学校没有使用现代信息技术的条件或所在的学校不允许使用现代信息技术,那么数学教师在课堂教学中就不会使用现代信息技术。如果环境和条件完全允许的话,信念就会决定行为)。信念具有主观性,也就是说,对于同一个事物，不同的人的看法并不一致。相应地，数学教师对于数学教学的信念自然也不完全一致。在今天，数学教师对数学教学的信念应该与数学课程标准保持一致，这对于他的数学教学来说是非常重要的。例如，他应该认识到小组合作学习是一种重要的数学学习方式，也应该认识到数学教学不但应该让学生接受知识还应该培养学生的创新意识和能力等，只有这样他才能在数学教学中按照课程标准所要求的方式进行教学。如果数学教师的信念与课程标准不一致，而是仍然保持着传统的数学教学信念（那些经历过传统的数学教学的教师容易保持传统的数学教学信念），那么其教学就将是一种传统的数学教学，尽管他使用着新的数学教材以及现代信息技术。信念对于一个人来说是相当稳定的，或者说是难以改变的，因而当进行数学课程改革时，许多教师由于所具有的传统的数学教学信念不能改变，仍然是以传统的行为进行数学教学，从而影响了数学课程改革的实施。从这个角度来看，数学课程改革首先要解决的问题应该是改变教师的信念。但很显然，由于信念所具有的稳定特点，要改变其已经具有的传统信念而形成与课程标准相一致的新信念显然并不是简单的事情。无论如何，必须使数学教师的传统信念得到改变，否则，有效的数学教学是无法实施的。

二是数学教师的知识。知识对于教师的素养来说很显然是一个非常重要的成分。对于教师的知识结构，已经有过很多的研究。最具代表性的是美国学者舒尔曼（Shulman）于20世纪80年代提出的教师知识结构理论。舒尔曼提出的教师知识结构包括七个成分，分别是学科知识，一般教学知识，课程知识，学科教学知识，学习者及其特点的知识，教育情境知识，关于教育的目标、价值以及它们的哲学、历史背景的知识。其中最引人注目的是学科教学知识（Pedagogical Content Knowledge，PCK），一般认为该知识最能区分学科专家与教学专家以及专家教师与非专家教师之间的不同。20世纪90年代，格罗斯曼对PCK进行了进一步的细化，将之分成四个部分：关于学科性质的知识和最有学习价值的知识、学生对某一学习内容理解和误解的知识、特定学习内容在横向和纵向上组织和结构的知识以及将特定的学习内容展示给学生的策略的知识。当然PCK并非是针对数学教师而言的，而是对于任意学科的教师来说的。就数学教师来说，根据格罗斯曼的细化，PCK包括：其一，教师对数学这门学科的统领性认识，这主要涉及数学学科的特点如逻辑性等，以及数学中哪些知识是需要学生学习的；其二，对于某一教学内容如复数，教师应该明确学生如何能理解它以及在学习时产生的错误以及原因；其三，教师应该明确数学教学内容的知识结构；其四，教师应该知道如何将特定的知识在教学中展现给学生，从而使学生更容易学习。显然，这四个部分的知识对于数学教师进行有效的教学都是很有必要的，特别是第四部分的知识更为重要。实际上，一般对于PCK的理解往往是针对第四个部分的，当然，前面三个部分的知识对于数学教师来说也是不可缺少的。

需要注意的是，舒尔曼在20世纪80年代提出PCK的概念时，现代信息技术对于教学的影响是很有限的，因此，在PCK中并没有看到现代信息技术的痕迹。但在这之后，现代信息技术对于教学或我们关心的数学教学的影响越来越大，因此，从严格意义上说，舒尔曼提出的教师知识结构特别是PCK的概念应该是不再适用了。2006年，另外两位美国学者米什拉（Mishra）和克勒（Koehler）提出了整合技术的学科教学知识（Technological Pedagogical Content Knowledge，TPCK）的概念，很显然，这个概念是在舒尔曼PCK的基础上加上现代信息技术而形成的。就数学教师来说，TPCK简单地说就是在现代信息技术的背景下进行数学教学的知识。对于数学教师来说，现在最重要的知识就是数学教学中的TPCK，如果说现在还在强调PCK的话，那么应该是比较落伍了。

需要说明的是，尽管PCK或TPCK对于数学教师的有效教学实施极为重要，但其他的一些知识也是不可缺少的。特别地，与教师其他知识有关的是STEAM教育思想。从20世纪末开始，STEAM教育思想已经受到了越来越广泛的重视。在STEAM教育背景下，数学教师在教学中就会不可避免地涉及科学、技术和工程等方面的问题，也就是说，数学教师还应该对这些学科的知识有较好的了解。如果教师没有基本的科学、技术和工程方面的知识，那么教师在教学中就很难处理这些相关的问题，如知识的来源、例题和习题等。我们还需要强调一下数学教师的数学专业知识，这方面的知识往往会被认为对教师来说不存在任何问题，毕竟现在的中学数学教师基本上都具有了大学本科学历，甚至在一些学校中已经有一定比例的教师具有研究生学历。高学历意味着教师在大学学习了更多的高等数学知识，这对于从高观点看中学数学，从而更好地理解数学的本质是有极大益处的，这在很大程度上促进了教师水平的提升(有研究表明，数学教师的高学历并不会带来高质量的数学课堂教学。对此，我们的观点是单纯的高学历并不会带来高水平的数学教学，高水平的数学课堂教学是由众多因素造成的)。但是，中学的数学内容主要是初等数学内容，对初等数学内容广泛而深刻的理解对于教师的数学教学具有更重要的意义。高等师范院校的数学系一般都会开设《初等数学研究》这门能使学生深刻理解初等数学的课程，但是很多学校这门课程开设的效果并不理想，在一些学校的数学系，这门课程甚至是作为选修课。另外，现在有相当一部分数学教师并不是毕业于高等师范院校，因而没有系统学习过《初等数学研究》。因此，可以肯定地说，现在的中学数学教师对于初等数学的理解并不能令人满意，这会不可避免地影响初等数学内容的教学效果。

三是数学教师的能力。数学教师只是具有了与课程标准相一致的数学教学信念，并且也具有了必要的知识，这为有效的数学教学实施提供了很好的条件，但即使这二者都具备，如果数学教师缺乏必要的能力，那么也无法进行有效的教学。有效的数学教学对数学教师的能力提出了很高的要求，而且数学教师的能力也应该是多方面的，这里我们强调三个方面。

其一，数学教师应该有很强的教学管理能力。该能力能够将数学教学的无关因素对教学的影响降到最低，从而确保数学课堂教学有序进行。教师对于课堂教学的管理是体现其主导作用的重要方面。在某些情况下，如果教师的教学管理能力不足，那么会直接导致教学无法顺利进行，而有效的数学教学也就无从谈起。

其二，数学教师应该具备出色的数学讲解能力。讲解是数学教学中数学教师常用的教学方法，该方法强调的是教师对于数学问题深入浅出的讲解或分析。实际上，数学教师的讲解能力涉及数学语言表达能力、对数学的深刻理解以及对学生数学接受能力的了解等。有人形容说："有水平的数学教师能将抽象复杂的数学问题讲得很简单，而低水平的数学教师则会将原本并不复杂的数学问题讲得很复杂。"显然，这里所说的有水平其实就是指数学教师高超的数学讲解能力。

其三，数学教师应该具有良好的教学反思能力。所谓教学反思就是教师对于已经进行过的教学活动的再认识，教学反思能力是指教师不但能认识到进行教学反思的重要性而且还能够进行有效的反思。教师上过的每一节数学课，应该既有令人满意之处，也有不足之处（所谓教学是一种缺憾的艺术就是这个意思）。通过反思，教师要检查在这一节课中的令人满意之处和不足之处，并且要进一步思考，令人满意之处能不能在以后的教学中做得更好，而要做得更好应该怎么办以及这样办的根据是什么。对于教学中的不满意之处，教师要思考为什么会出现这样的问题，在今后的教学中应该怎么做以及这样做的原因是什么。教师的教学反思对于教师的专业发展具有积极意义，因为反思要涉及教学行为表层下的深层次原因，这些原因一般来说都具有理论的性质，因此，反思能促进教师教学理论水平的提高。另外，教学反思有助于教师在今后的教学中做得更好，说明了反思能提高教师的教学水平，难怪有人说教师的专业发展等于经验加反思。一些学校要求包括数学教师在内的每个教师在课后都要写反思笔记，其目的正是促进教师对于教学的反思。

以上我们从信念、知识和能力三个方面说明了数学教师要想有效地进行教学实施，必须要有符合数学课程标准的数学教学理念，必须要有进行数学教学的相应知识和进行数学教学的一些能力。或者说，高素质的数学教师意味着他应该具有符合数学课程标准的理念，有进行数学教学所必要的知识以及较高的数学教学能力。教学实施的效果越好，这些相应的准备就应该越充分。这些条件（如数学知识）有些是通过在高等师范院校的学习中得到的，而有些则是需要在实际的数学教学实践中逐步获得，如一些教学能力。因此，有效的数学教学实施很大程度上取决于教师在高等师范院校的学习和工作后的专业发展。

11.2　数学课堂文化与有效的数学教学实施

数学课堂文化的环境对于有效的数学教学实施是至关重要的。良好的数学课堂文化有利于教学的顺利开展，可以促进学生的数学学习，相反地，如果在数学课堂文化不良的环境中进行教学，其效果也一定是不良的。

从国际上看，对课堂文化的研究大致上是从20世纪80年代开始的，主要是随着对课堂教学的研究从认知心理到心理-文化的转向而产生的。而对于课堂文化的研究在我国的开展，一方面是受到国际教育研究的影响，另一方面是随着课程改革的深化，对新课程标准下的课堂教学的研究不断深入而出现的。到目前为止，围绕着新课程标准下的课堂文化，如课堂文化的特征、价值以及建构途径等都已经有过不同程度的研究。但国内的研究主要是针对一般课堂文化的，如有学者认为，新课程标准下的课堂文化的特征是开放性、合作性、精确性和民主性。也有学者认为，课程改革与课堂文化的重建是一种共生共存的互动关系，课堂文化建设是课程改革的最深层次的改革。还有学者认为，课堂文化的建构包括三个相互交织的文化建构过程，即时空文化建构、规范文化建构和观念文化建构。尽管对于课堂文化的研究仍有进一步深入的必要，但现有的这些研究对于促进我国课堂文化的建设，从而推动课程改革的深入已经具有了很大的指导意义。

现有课堂文化研究的侧重点在于一般课堂文化上,也就是说还没有真正进入学科层面,而后者显然是课堂文化进一步研究的必然方向,毕竟课程改革要落实到具体的学科课堂教学中。很显然,一般课堂文化与数学课堂文化之间的关系是一般和特殊的关系,二者之间不能相互替代,没有学科课堂文化的课堂文化既是不完整的也是抽象的。一般课堂文化是各种学科课堂文化具有的共性,而数学课堂文化除了具有一般课堂文化的共性外,肯定还具有自己的特殊性。对于数学教师来说,不但要关注具有一般性的课堂文化,更要关注具有特殊性的数学课堂文化。

对于数学课堂文化,国外学者做过不少研究。尼克森(Nickson)在其论文《数学课堂文化:一种未知量?》(*The Culture of the Mathematics Classroom: An Unknown Quantity?*)中对数学课堂文化作了如下精炼的描述:"它们是不可见并被共享的意义,是教师和学生将它们一起带入数学课堂中,并且控制着课堂中师生的互动。"尼克森对于数学课堂文化描述的第一句话体现了数学课堂文化的内涵。在文化研究中,很多情况下是将文化分成物质文化和非物质文化,前者是指一些具体的物质形态,如教室中张贴的科学家画像和语录,而后者则是指行为规范和规章制度等非物质性的东西。尼克森数学课堂文化定义的第二句说明了数学课堂文化的形成,即教师和学生一起将它们带到数学课堂中。定义的最后一句则指明了数学课堂文化的作用,即控制着数学课堂中师生的互动。能够对数学课堂中的师生互动进行控制,可见数学课堂文化是多么重要,由此不难得到一个简单的结论,即如果我们能建立良好的数学课堂文化,那么很大程度上就解决了课堂教学中的所有问题,数学课堂文化研究对于数学教育研究者们的吸引力由此可见。下面我们要对数学课堂文化的内涵、形成和价值进行更为详细的分析。

首先来看一下数学课堂文化的内涵。数学课堂文化简单地说就是指在数学课堂教学中,教师和学生对于数学和数学教学的共同看法以及在数学教学过程中师生共同遵守的行为规范。对学科课堂文化的研究是随着对课堂文化研究的深入而出现的。就数学课堂文化的研究来说,20世纪80年代数学教育家毕晓普(Bishop)的《数学的文化适应:数学教育的一种文化观点》(*Mathematical Enculturation: A Cultural Perspective on Mathematics Education*)一文将人们对数学课堂的关注点引到了数学课堂文化上。将数学课堂文化带到数学教育研究前沿的正是前文所提到的尼克森的那篇著名的论文,正是由于这篇论文被收录在格罗斯(Grouws)主编的《数学教学研究手册》中从而使"数学课堂文化"一词被世界各地的数学教育研究者和数学教师知晓。而对于数学课堂文化研究产生极大影响的莫过于雅克(Yackel)和科比(Cobb),他们区分了数学课堂中的两种规范,即社会规范和社会数学规范,前者涉及的是一般课堂文化,而后者则强调了数学课堂文化。从现有的研究来看,对数学课堂文化的理解集中在三个词上,即共享、不可见以及数学性,实际上,理解了这三个词也就理解了数学课堂文化。其中,共享和不可见体现了文化的特性,而数学性则说明了这种文化所具有的特殊性,即数学的文化而不是其他学科的文化。无论是对数学和数学教学的认识,还是社会互动中的行为规范都是针对包括教师和学生在内的班级成员的,而且它们都是不可见的。除了对数学与数学教学的认识具有明显的数学性外,在互动中所遵守的行为规范也同样具有数学性,与一般的课堂教学中师生都应遵守的行为规范有着清晰的区别,如对"什么样的数学证明是合理的?"的认同只能属于数学课堂文化而不能属于其他学科课堂文化和一般课堂文化。学科课堂文化是与在一定学科教学思想主导下的学科教学相适应的。传统的数学教学下有传统的数学课堂文化,而数学课程改革下的数学课堂就应该有相应的体现数学教学改革思想的数学课堂文化。由于数学课堂文化是师生对于数学和数学教学的共同认识,因而它能够从深层次上反映出数学教学改革是否真正深入人心和落到实处,从数学课堂文化上最能看出数学教学改革的施行情况,而基于改革思想的教科书和现代信息技术手段的使用并不能真正地说明改革实施的状况,这在国外已有相关的研究。例如,在传统的数学课堂文化中,师生对于数学学习中强调数学内容的记忆是认可的;而在改革的数学课堂文化中,强调数学思维、数学创造和解决实际问题则应该被师生共同接受。在传统的数学课堂文化中,好的数学问题是解法巧妙;而在改革的数学课堂文化中,好的数学问题则是可以由多种方法解答、解决的过程涉及不同的数学内容、没有现成的方法需要学生设计方法去解决等。从数学课堂文化中就可以清楚地发现数学改革思想是否真正地在教学中得到了体现而不只是流于表面。

那么数学课堂文化是如何形成的呢?根据符号互动论的观点,课堂文化是教师和学生在教学实践的互动中随着时间的推移而共同建构的。就如尼克森所说的那样,数学课堂文化是"教师和学生一起带入"的,即其形成是教师和学生共同努力的结果。由于学生个体的数学学习经历不同,他们对于数学以及数学教学的认识可能各不相同。形成数学课堂文化就是要在教师的主导下,在数学教学活动中,逐步形成师生对于数学、数学教学以及在数学教学活动中应该遵守的规范的共同认可。数学课堂文化的形成可能是困难的,但也可能是比较简单的。如果学生对于数学、数学教学以及在数学教学活动中应该遵守的规范的认识与所需要形成的数学课堂文化比较接近,那么这样的数学课堂文化就比较容易形成,但如果学生具有的认识与所需要形成的数学课堂文化有较大的差距,即存在所谓的"文化冲突",那么在这样的课堂中数学课堂文化的形成就比较困难,从时间上看也将是漫长的。

数学课堂文化建设中需要注意的地方:第一,教师的主导作用。教师既是教学活动的主导,也是数学课堂文化形成的主导。在数学课堂文化的形成过程中,教师和学生的作用是不同的,其中教师起着主导作用。数学教师能够在数学课堂文化中发挥主导作用是因为他对数学学科本身有着深刻的认识,能够清楚地了解当前的数学教育教学应该符合的基本思想,知道在当前的数学课堂中有效的师生互动应该如何进行。这些知识是他作为数学教师,在职前学习和职后的专业发展中应掌握的。以对数学学科本身的深刻认识来说,数学教师在高等师范院校的数学以及与数学相关课程,如数学史、数学哲学、数学文化学等的学习,不但使他们具有丰富的数学专业知识,也使他们具有了对数学知识本身的理解。可以看出,这里对于数学教师的描述具有一定的理想化特点,它大致适用于大多数情况。如果教师持有的是传统的数学教学观,那么班级中的数学课堂文化一定与课程标准的要求有较大差距。我们经常听到这样的话,即有什么样的数学教师就有什么样的课堂,实际上应该是有什么样的数学教师就有什么样的数学课堂文化。显然,学生在这些与数学以及数学教学相关的知识上和教师相比有着很大的差距。数学教师在数学课堂文化构建上发挥主导作用就是要明确当前在数学课堂教学中应该建立什么样的数学课堂文化以及如何精心设计教学过程,使数学教学过程既是学生掌握数学知识技能、形成数学能力和一定的情感态度的过程,也是形成与当前数学教学要求相适应的数学课堂文化的过程,这二者在一定程度上具有相辅相成的关系。

第二,数学课堂文化形成过程中师生的"协商"。数学课堂文化的形成不是数学教师告诉学生"是什么""不是什么""应该怎么样""不应该怎么样",而是教师和学生在数学教学过程中逐步形成的。根据符号互动论的观点,个体的贡献形成了课堂文化,而课堂文化的形成会限制和加深个体对意义的理解。这里的个体贡献是指课堂中所有个体,而不只是教师和部分学生。在数学课堂文化的形成过程中,学生对于数学、数学教学以及在数学教学活动中应该遵守的规范都要经历一个保持、修正和改错的过程。哪些可以保持、哪些需要修正以及哪些必须改错不是教师指定的,而是需要通过师生之间的协商来决定的。协商意味着教师和学生之间对某个看法和必须遵守的某条规范展开对话,而这种对话必须建立在"有理有据、合情合理"的基础上,只有这样才能让学生真正认识到哪些观念是正确的和哪些规范是合理的。例如,在开始学习数学证明时,教师要和学生协商应该用哪些证据(已经证明过的命题和公理),以及为什么只能用这些证据。通过协商,学生们还能够认识到经验和直观感受为什么不能作为数学证明的根据。

第三,数学课堂文化形成中的多种养成方式。数学课堂文化虽然是师生协商的结果,但协商的方式是多种多样的。既可以是潜移默化式的,也可以是明确地提出让学生讨论的;既可以是暗含在学科教学的各个环节中的,也可以是利用所谓的关键性事件来进行的。举一个例子,也许例子中的教师并没有意识到他在主导着数学课堂文化的建设。这是一节七年级的数学课,教师在讲解一道几何证明题时,直接用粉笔在黑板上画图,在画了两条线后,停下来自言自语地说:"数学画图应该用尺子,这样会更准确。"然后拿起尺子重新认真地将图画了出来。在证明中,其实需要教师在图中增加一个∠3(已知条件中已经有了∠1和∠2),但他并没有加。在证明结束后教师问学生这一题的证明有没有问题,除了一个学生外,其他学生在检查后都说没有问题。这个学生说:"在题目中没有∠3,我们不应该不加说明地直接在证明中运用∠3这个符号。"教师让学生就这个问题进行讨论,一开始有不少学生说这个学生在"吹毛求疵"。但经过讨论后,大家一致认为应该在证明中首先说明∠3的来源,然后才能使用∠3。在这个例子的前一部分,教师的自言自语和重新用尺子画图以及后一部分让学生讨论∠3的问题,都在使学生认识到数学应该具有严谨性。当全班学生都对数学、数学教学以及在数学教学活动中应该遵守的规范有了共同的认识,并且这种共同的认识随着时间的推移而逐步被班级所有成员内化,这样数学课堂文化就形成了。当然,数学课堂文化不是静止的,而是发展的,随着班级成员对数学、数学教学以及在数学教学活动中应该遵守的规范的认识的变化(如深化),数学课堂文化也会随之发生变化。

最后我们来看一下数学课堂文化有什么样的作用。现有的对于数学课堂文化的研究表明,数学课堂文化能够影响学生的数学学习,但是数学课堂文化又是一个相当复杂的现象,究竟它是如何影响学生的数学学习的呢?现有的研究还没有能够给予明确的说明,因而还需要进一步的研究。数学课堂文化一旦形成就会影响学生对于数学、数学教学以及在数学教学活动中应该遵守的规范的认识，从形式上看，数学课堂文化在某种程度上会决定数学课堂中互动的开展，正如尼克森对于数学课堂文化所说的那样，数学课堂文化会控制着数学课堂中的师生互动。从前文可知，就特定的班级来说，数学课堂文化是在教师的主导下，在数学课堂教学活动中逐步形成的。虽然数学课堂文化并不是绝对固定不变的，但应该是相对稳定的。当数学课堂文化在一个特定的班级中已经形成，就会对其数学教学产生影响。虽然数学课堂文化是看不见的，但数学课堂中师生的一举一动无不反映着数学课堂文化，数学课堂文化是师生数学教学活动背后的"灵魂"所在。在一定的数学教学活动中形成的数学课堂文化会反过来会促进并滋养其形成的数学教学活动。

在传统的数学课堂中，传统的数学课堂文化会使学生对于运用已经学过的数学知识解决数学本身的、常规性的问题感到很正常，而如果教师在某一次课上让学生进行动手实践活动、让学生解决实际生活中的真正问题或解决没有现成方法的数学问题，学生就会感到不能接受。实际上，数学课堂文化也同样会对教师的教学行为产生影响，如在今天的数学教学中，有的教师仍然不愿意进行数学探究，这可以用数学课堂文化来解释。从而也说明了数学课堂文化与数学教学信念之间的关系。

今天，我们需要什么样的数学课堂文化呢？答案显而易见，当然是需要与新课程标准相一致的数学课堂文化，这样的数学课堂文化将能够促进数学课程改革和促进学生的数学学习。当前，与新课程标准相一致的数学课堂文化能够在如下几个方面影响数学课堂教学。

第一，使数学课堂教学更为和谐。由于师生对于数学、数学教学以及在数学教学活动中应该遵守的规范的共同认可，从而使数学课堂教学能够在一种非常和谐的氛围中进行，不会出现无谓的争执。例如，在完成一道课堂练习题后，教师让学生说出该题的答案。出现了两种截然不同的答案，究竟哪个是正确的？有一部分学生说他们的答案和练习册上的答案一致所以一定是正确的，而另一部分学生说他们的解题过程没有任何问题因此答案一定是正确的，双方发生了争执。实际上，如果在他们的数学课堂文化中有着数学中的权威（不是教师和教科书），即数学结论的正确与否取决于数学问题的解决过程是否正确，那么这样的课堂争执就不会发生。与新课程标准一致的数学课堂文化明确了师生在数学课堂教学中的角色，鼓励学生之间的相互合作，和谐的课堂氛围使师生能够以轻松愉悦的心情投入到数学教学活动中，而愉悦的、无焦虑的数学教学活动会极大地促进学生的数学学习。

第二，使数学课堂教学以更为有效的方式进行。有效教学的基本思想就是在教学中师生在时间和精力上以较少的投入产生同样或更大的产出，而衡量数学教学产出的标志就是数学教学目标的实现程度。要做到有效的数学教学，重要的一点是班级成员对于数学教学活动的积极投入和相互之间的密切配合。这只有在形成了良好的数学课堂文化后才能做到。因此，实现有效的课堂教学必须要有良好的数学课堂文化作为保证。

第三，使数学课堂教学体现出浓厚的"数学味"。不少人都认为，现在许多数学教师上的数学课和传统的数学课确实有很大的不同，如学生参与更积极了，小组合作学习也很普遍，但好像缺少了"数学味"。郑毓信先生认为，新课程标准下的数学课更应该具有"数学味"。如在数学教学中学生能积极参与实践活动，能进行小组合作学习等，这些都说明了新课程标准下的数学课堂文化已经在一定程度上形成，而没有"数学味"则说明了这样的班级还没有形成与新课程标准相适应的数学课堂文化。

　　数学课堂文化包含了师生对于数学的认识。在新课程标准下要让学生认识到数学是一种重要的人类文化,是人类智慧的最高结晶;数学具有抽象性、严谨性和广泛的应用性;数学既包含数学知识也包括数学思想方法;数学语言在数学文化中扮演着极为重要的角色;等等。对数学的这些共同认识将会使数学教学中的"数学味"形成,从而显示出与其他学科课堂教学不同的特点。在这样的课堂中,师生的言行都将充满着数学理性,阐述问题、证明结论、自我辩解都将建立在可靠的数学基础和逻辑之上。在这里也有美,但这种美是具有数学理性的美,它是需要用数学的眼光才能欣赏的;这里也有情,但这种情是师生对于数学理性的深沉的情感,这种情感与语文课中"以情引知"的情大相径庭。在这样的数学课中,你会看到学生在发现一种新的解题方法、欣赏一个美的数学结论时那种如痴如醉的表情,你会听到学生在教师或同学对某个问题的解答后发出发自心底的"啊"声。

　　数学课堂文化并非在任何情况下都能促进数学课堂教学。在课程改革中,形成于传统课堂教学中的数学课堂文化就会对改革的数学课堂教学产生负面影响,在这种情况下就需要进行数学课堂文化的"重建"。通过数学课堂文化的"重建",使学生逐步改变旧的对数学、数学教学以及在数学教学活动中应该遵守的规范的认识,形成对于它们共同的新认识,否则数学课堂文化对于数学教学的影响会使数学课程的改革思想在教学中难以落到实处。

　　教师要确保数学课堂文化与数学课程标准是相融洽的。如果不相融洽,那么教师的数学教学过程就应该是一种调整和改变旧的数学课堂文化的过程。如果相融洽,那么教师的数学教学过程就应该是一种保持和深化现有数学课堂文化的过程。如果不能使数学课堂文化与数学课程标准相融洽,那么这样的数学教学实施根本谈不上有效,这样的数学教学甚至是一种错误的教学。对于数学教师来说,数学教学的过程不但是实现教学目标的过程,也是促进学生发展的过程,更是改正、重建和深化数学课堂文化的过程。

习题

1. 请分析数学教师的素质对有效的数学教学实施的影响。
2. 请分析数学课堂文化对有效的数学教学实施的影响。

课外阅读材料

[1] 李琼. 教师专业发展的知识基础[M]. 北京:北京师范大学出版社,2009.
[2] 丁谷怡,孙双金. 重建课堂文化[M]. 北京:教育科学出版社,2009.

第12章 数学教学实施的原则和关系

本章将介绍几个数学教学的实施原则,所谓实施原则是指在数学教学中必须要遵守的基本做法。这些原则对于有效的数学教学是非常必要的,它们包括科学性原则、主导主体性原则、因材施教原则、启发性原则、思维性原则和机会性原则。此外,教师在教学中还应该处理好一些关系,如知识的掌握和创新能力培养的关系。这些原则的执行和关系的恰当处理,对于有效的甚至高水平的数学教学实施是必要的。读者通过本章的学习,应该对本章中的几个数学教学原则有深刻的理解,也能对所给出的几种关系有很好的认识。

12.1 数学教学实施的原则

12.1.1 科学性原则

数学教学中的科学性原则有两个方面的含义:一是不能出现数学上的错误;二是在数学教学中,其思想、内容和目标等要符合数学教育教学的规律,特别地,要与我国的数学课程标准相一致。这是一个非常重要且非常基本的原则,当教师在不违背该原则的情况下上了一节数学课时,我们能够说这一节课上得很好或不够好。但是,当教师违背了该原则,即在教学中出现了科学性错误,那么这一节课就可以说是一节错误的课了。

教师在教学中出现数学上的错误,这种情况出现的可能性是很小的,因为如今教师的整体学历得到了提高,即使是小学数学教师,具有本科学历的都已经占有很大的比例。由于数学教师自身的数学知识程度较高,因而在教学中一般不会出现数学上的错误。但这并不是绝对的,教师在教学中出现错误的可能性仍然是有的,即使在小学数学中也是如此。教师在数学教学中出现数学上错误,既可能是因为教师对于初等数学没有很深刻的理解(这在前文已经有过分析),也可能是其他方面的原因导致的。

教学中违背科学性原则主要体现在教学与数学课程标准不符合,这种情况在现实的数学教学中不时可以发现。例如,数学课程标准要求学生在掌握基本的运算技能的基础上尽可能地在学习中运用计算器,但是在教学中,有些教师规定不允许使用计算器帮助计算;数学课程标准中明确提出合作学习是一种合理的学习方法,但是在教学中,一些教师从不使用合作学习的方法;数学课程标准要求在教学中要注意培养学生的创新意识和能力,但是在教学中,教师往往只重视知识的学习而忽视了创新意识的培养。

那么，为什么教师在数学教学中会出现与数学课程标准不相符合的科学性错误呢？这与教师持有的数学教学信念有很大关系。教师的数学课堂教学不能与数学课程标准相一致，主要是因为他持有的是传统的数学教学信念，而这些传统的信念是他在长期的、传统的数学教学中逐步形成的。当进行数学课程改革时，教师不能改变其已有的信念而形成与数学课程标准相一致的数学教学信念，就会在传统信念的影响下进行传统的数学教学，从而违背了科学性原则。

教师的数学课堂教学如何才能不违背科学性原则呢？教师不仅应该认真研究与教学内容相关的初等数学和高等数学内容，使自己对于数学教学内容的理解不发生错误，而且应该认真学习数学课程标准，特别是其基本理念，并将其与自己对于数学教学的认识相对照，发现自己认识中的错误之处。如果能这样做下去，逐步地，教师的教学就不会违背科学性原则。需要说明的是，当前从国家到学校自主开展的教师培训活动中，对于数学知识本身是相当忽视的，从而教师在参加各级培训中很少有机会提升自己的数学知识。造成这种现象的原因在于各级培训的设计者认为教师的数学知识是充分的。

12.1.2 主导主体性原则

在任何学科的教学中，教师都是教学的主导，学生是学习的主体，在数学课堂教学中也是如此。主导主体性原则就是在数学教学中，教师和学生要各自扮演自己的角色，做好自己的本职工作。这看起来很容易，但在实际的教学中并不容易真正做到。另外，在数学教学中主导主体性原则还具有更深刻的学科教学的内涵。

在数学教学中，为了保证高效有序地实现教学目标，教师和学生应该各司其职，扮演好自己在数学教学活动中的角色。我们以小组合作学习这种常见的数学学习活动为例来看一下在活动中教师和学生的角色扮演。首先，教师要根据学生的能力水平设计出小组合作学习要解决的问题，这里设计要解决的问题体现了教师的主导作用，该主导作用决定了学习内容，显然，学生是不可能决定要解决的问题的。其次，教师要决定如何建立小组，是由能力相差不大的几个学生组成小组，还是由不同能力的学生组成小组呢？这又体现了教师的主导作用，该主导作用决定了活动中成员的构成。显然，如果让学生自由组合的话，一定会产生一些不好的结果，如性格内向的学生组成一个小组，或成绩不佳的学生组成一组等。再次，小组合作解决问题。在这个阶段，学生通过独立思考和相互作用最终解决问题，该阶段体现了学生的主体地位。该主体地位使学生通过自己的努力最终将问题解决。当然在这个过程中教师发挥着一定的作用，他通过介入和参与小组的活动，使小组合作沿着所要求的方向发展，从而也体现出一定的主导作用。最后，在活动结束后，教师让小组代表展示自己对问题的解答并对结果进行讨论，这很显然体现出了教师的主导作用。

12.1.3 因材施教原则

教学中要做到因材施教，这是古人就提出的教学原则。在教学中因材施教实际上是一个很朴素的思想,因为每个人的资质是不同的,所以在教学中自然就应该根据每个人的不同情况进行不同的教学。因材施教是指教师在教学中要根据学生的具体情况开展教学活动。就数学教学而言,每个学生在数学学习上都不完全相同,甚至相互之间有很大的差别。他们的数学基础可能不同,思维水平和数学思维方式可能有差别,他们对数学的理解会不一样,他们的性格特征也会不同等,所有这些因素都会或多或少、直接或间接地影响他们的数学学习。如果教师将每个学生在数学学习上看成是一样的,那么教学效果一定是不会好的,而只有针对每个学生的具体情况进行有针对性的教学,才能取得好的教学效果。因此,在数学教学中,因材施教原则的贯彻是非常重要的。可以这样说,数学教学中如果能够实施因材施教的原则,那么教学效果一定是好的。从理论上说,以上结论是没有问题的。但在实际的数学教学中,要做到因材施教并非易事。在很多情况下,教师并不会考虑学生在数学学习上的不同,教师这样做并不是教师不清楚学生之间在数学学习上的各种差异,而是很难进行有区别的教学。

在现代意义上的学校建立之前,那时候的教学往往是一个教师教一个或数个学生。那样的教学自然就是一种因材施教的教学,教师在这个问题的处理上是比较容易的。当一个教师只面对一个学生,他的教学自然要根据学生的特点进行。当然,那个时候的教学效率是很低的。学校教育吸取了工业化生产的思想,即将岁数基本相同的学生组成一个班级,由一个教师来进行教学,这样做效率自然就上去了。但是一个教师在教学中要面对几十个学生,这些学生尽管年龄相近,但在很多方面都是不同的。这些不同,客观上要求教师采用不同的教学方式,这对于教师来说实际上是非常困难的。从问题的难易程度上说,一个数学问题,如果简单了,那么能力中等的学生会不感兴趣,能力强的学生更是不屑一顾。如果问题是中等难度,那么能力弱和能力强的学生就会不感兴趣。严格地说,在现代的数学课堂上要求教师采用严格意义上的因材施教,即考虑到每个学生的不同情况而进行有针对性的教学实际上是做不到的。

由于因材施教的重要性,教师即使不能施行严格意义上的因材施教,也应该尽可能地考虑到不同学生的情况,施行一种非严格意义上的因材施教,这实际上是一种不得已而为之的做法。例如,虽然不能考虑到每个学生的情况,但可以将学生从某个角度如数学能力进行粗略的划分,如将全班学生分成数学能力强、数学能力中等和数学能力弱三个层次。这样,在教学中教师可以将整个班级看成是由三个层次的学生组成的。教师在课堂的提问中,如果是简单的问题就可以让能力弱层次的学生来回答,而如果是难度很大的问题就可以让能力强层次的学生来回答。在布置作业时,教师也这样设计三组数学题以适于不同能力层次的学生。教师在对一个问题的讲解中,既要让能力强的学生掌握,也要通过深入浅出或更直观的方式让能力弱的学生也能理解。对全班学生进行粗略的分层,使这种课堂教学有点类似于学校建立之前的教学情景,这是教师在无法严格实施因材施教的情况下所采用的方法,可以说是一种无奈之举。但很显然,这样的做法比起将全班学生看成整齐划一的教学效果要好很多。

现代信息技术的运用几乎对数学教学的所有方面都产生了影响,这在前面的章节中已经有过说明。而现代信息技术的运用实际上也为数学中的因材施教提供了新的可能。随着网络的发展,各种数学学习平台不断使用,使学生可以利用平台根据自己的数学能力进行针对性的学习。由于每个学生都可以根据自己的情况进行有差异的学习,从而在一定程度上体现了因材施教的思想。当然,到目前为止,由于学习平台的使用是辅助性的,课堂教学仍然占主导地位,因此因材施教在数学教学中并没有真正地实现。现代信息技术的发展速度是惊人的,相信随着现代信息技术的发展,不久的将来在数学教学中一定可以实现真正的、严格意义上的因材施教。到那个时候,每个学生都能在数学教学中得到最大程度的发展。

12.1.4 启发性原则

教师在教学中的启发对于任何一门学科来说都是必要的,但是在数学教学中,教师的启发尤为重要,这与数学这门课的思维特点有关。

所谓启发性原则,是指在数学教学中,教师应该要求学生努力去解决所面临的问题,只有在努力而不能完成的情况下,教师才可以给学生一定的启示,在教师的启示下,学生继续思考,最终完成对问题的解决。启发性原则要求教师要做到以下两点:其一,学生必须首先努力去解决问题。在这一步,为了解决位于最近发展区中的问题,学生需要积极的思维活动,需要努力地思考,没有这一步,教师的启示就没有多大的意义;其二,教师只是给出解决问题的启示,并不是给出解决问题的方法,解决问题的仍然是学生自己,是学生通过自己的思考解决问题的。

为了促进学生在数学上的发展,学生所面临的问题应该位于学生的最近发展区内,只有这样的问题学生才会感到困难,才有可能通过努力思考仍然不能解决,这样才需要教师的启发。因此,数学教学中教师对于问题的设计是很重要的。

启发之所以重要是因为教师的启发只是给学生一个解决问题的"脚手架",而不是要代替学生的数学思维。实际上,重要的是:教师的启发是让学生继续思考从而解决问题,它不但没有削弱学生的数学思维,反而促进了学生的思考。相反地,如果教师在学生没有努力思考的前提下就告诉学生解决问题的方法,那么就剥夺了学生努力思考的机会,也就对学生的思维发展产生了负面的影响。

遗憾的是,在实际教学中,一些教师并不遵守启发性原则,主要表现为如下两点:其一,在学生没有经过努力思考的情况下就进行启发,如教师给学生一个数学问题,在学生开始思考之前,教师就说:"这一题有一定的难度,我先给大家一些提示。"其二,在学生经过努力无果的情况下不是给学生搭建"脚手架",而是直接告诉学生解决问题的方法,如学生没有解决问题,教师就说:"大家都没有解出这一题,那么大家看看老师是怎么做的。"这些做法不利于学生数学思维的发展,教师应尽量避免。

12.1.5 思维性原则

数学是思维的科学,用一句通俗的话来说,数学是数学家想出来的。正因如此,数学学习的重要目标之一就是培养学生的数学思维能力。学生通过数学思维来学习和探究数学,在学习和探究数学的过程中训练其数学思维能力,因此,思维与数学学习是一种相互促进的关系。

数学教学中的思维性原则是指教师在教学活动中要将学生的数学思维放在重要的位置,让学生的学习过程成为其数学思维积极活动的过程。之所以如此,是因为在数学学习中确实存在着一些不需要数学思维参与的活动,这些活动在数学教学中应该处于一种绝对辅助的地位。在每个教学活动中,教师应该要关注的是,该活动是不是需要学生思维的参与,以及该活动训练了学生怎样的数学思维能力。例如,在课堂提问时,教师就要考虑所提出的问题不能只是记忆性的问题,而应该提一些需要思考才能回答的问题。在课堂讲解时,教师要注意多提出一些启发性的问题,从而使学生在听教师讲解的同时也要进行积极的思维活动。在布置作业时,教师要注意所布置的作业不能只是一些程序性的问题,而应该布置一些学生需要积极思考才能解答的问题。

12.1.6 机会性原则

如果要使学生能够通过数学课堂教学而获得在数学上的发展,让学生有大量的机会去从事与数学有关的活动,那么机会性原则就是教师在数学教学中为学生的数学发展尽可能地提供各种可能的机会。这里的机会包括思维的机会、动手操作的机会、听数学的机会、用数学解决实际问题的机会等。学生正是有了这些数学活动的机会,才能在数学上得到发展。相反,如果学生没有或缺少这些机会,那么他们在数学上就难以得到进步,而数学教学目标也难以得到实现。教师要为学生尽可能多地创造机会,尽可能让学生去做。学生能通过自学的方法学习,教师就不要讲解;学生能自己想出来的问题,教师就不要讲出来;学生能自己做出来的数学题,教师就不要告诉学生答案;等等。

以上我们给出了数学课堂教学的六条原则,即科学性原则、主导主体性原则、因材施教原则、启发性原则、思维性原则和机会性原则。这六个原则看起来具有一般教学原则的特点,如科学性原则实际上在任何学科的教学中都需要遵守,即使是思维性原则对于一般学科的教学也是合适的。但是,从以上分析中可以看出,它们对于数学教学来说有着更深刻的内涵。虽然这些原则之间并不是绝对独立的,但关系并不密切,它们构成了数学教学实施的六个最基本的对数学内容以及内容展示的要求。没有科学性原则,那么教学的内容和方式就可能是错误的;没有主导主体性原则,那么就不能处理好教学中师生的角色分配问题,从而无法有效地完成教学任务;没有因材施教的原则,那么所有的学生都可能没有接受到自己所需要的数学教育;没有启发性原则,那么学生就不能很好地完成数学活动任务;没有思维性原则,学生在思维上就可能得不到发展;没有机会性原则,学生在数学上就难以得到真正的进步。因此,这六个原则对于有效的数学教学实施都是必不可少的。

这六个原则是数学教学原则,也就意味着无论在什么样年级的数学教学中,在什么样课型的数学教学中,都必须贯彻这些原则。作为数学教师,应该深刻地理解这些原则,自觉地在自己的教学中实施。

12.2 处理好数学教学中的几种关系

在数学教学实施中,教师还需要处理好以下几种关系。

12.2.1 预测与生成的关系

数学教学设计是教师在数学教学之前所做的准备,这种准备尽管有理论上的依据,但是它毕竟是一种预测。教师能否将教学过程的设计原封不动地搬到数学课堂中实施,犹如工程师按照图纸原封不动地施工呢?实际上这也是可能的。

设想一下这样的情境。在数学课堂教学中,教师按照计划好的程序进行教学,学生是完全被动地接受,教师不允许学生有任何改变教师教学程序的行为。在以上所描述的数学课堂教学中,教师确实可以将教学设计完全不加改变地运用到课堂中。实际上,上面所描述的课堂情境正是典型的传统数学课堂的写照。简言之,在传统的数学教学中,数学教学设计的预测可以和实际的数学课堂教学有很好的吻合。如今的数学课堂拥有相当开放或民主的数学教学环境,这种开放主要表现在每个学生都可以自由地提出自己对所面临的数学任务的想法,每个学生和教师在数学教学中都处于平等的地位。在这样开放或民主的数学教学环境中,一般来说,教师不可能完全地将数学教学设计搬到课堂教学中,因为在教学过程中会出现生成。所谓的生成或生成性资源是指在数学教学活动中产生的、教师在教学设计中没有涉及的教学资源。简单地说,生成性资源是教师在教学设计时没有准备的但在实际教学中出现的资源。在开放或民主的数学教学环境中,教师通过与学生互动,学生通过与其他学生和教师的互动都会产生新的想法,这些基于情境产生的新的想法也就是生成性资源。因此,生成性资源并非只是教师提出的,也有可能是学生提出的。

我们可以根据生成性资源是否有利于学生的数学学习从而将其分成两类:第一类是对于学生的数学学习并没有促进作用的生成性资源;第二类是对于学生的数学学习有促进作用的生成性资源。显然,值得教师在教学中关注的是第二类生成性资源,而对于第一类生成性资源,教师可以在教学中直接将其舍去。但一旦出现第二类生成性资源,教师应该将其运用到教学中。例如,在处理例题的环节中,本来教师在设计时会给出某种解决方法,但是学生有可能会提出另外一种更好的解决方法,那么这种更好的解决方法就成了教学中可以使用的生成性资源。再例如,在新知识的教学中,本来教师在设计时并没有涉及与新知识相应的数学史知识,但在引入环节教师感到介绍一些数学史知识会更有利于学生对新知识的理解,于是教师立即介绍了一些数学史知识,而这些数学史知识就是教师提出的生成性资源。正是由于生成性资源在教学中的产生和使用,才使数学教学设计是一种真正的预测。相反地,如果没有生成性资源的产生和使用,那么数学教学设计则是一种真正的与教学完全吻合的规划。

12.2.2 知识的学习和创造能力的培养

传统的数学教学所强调的是学生对于数学知识的学习,即使是今天,我们仍然可以听到数学教师在谈论数学学习时总是强调所谓的知识点。这也是可以理解的,因为对于包括数学在内的任何一个学科来说,知识是学科最重要的代表。学校数学教学的传统目的主要就是将人类所具有的数学的最基本的知识传授给下一代,这个目的在今天的数学教学中虽然不全面,但仍然具有一定的合理性。

历史发展到今天,对人才甚至一般人的素质都提出了新的要求,其中一点就是要具有创新意识和能力。人的创新素质并不是天生的,而是需要培养的。因而,在今天的学校教育中,就有了培养学生创新素质的任务。在学校教育中培养学生的创新素质是通过各门学科的教学而实现的,或者说,各门学科从自己的学科特点出发,通过课堂教学来培养学生的创新素质。数学是培养学生创新素质的极好的学科,因为数学是思维的科学,而创新很大程度上是思维的结果。在数学教学中通过数学知识的再创造可以培养学生的创新素质,通过让学生进行问题解决也可以培养学生的创新素质。

也就是说,今天的数学教学既要学生学习数学知识,也要培养他们的创新素质,当然这二者本身也是有关系的。作为数学教师,在数学教学中也要处理好二者之间的关系,不能忽视对学生创新素质的培养。如果忽视了对学生创新素质的培养,那就是一种过时的数学教学,是与今天的社会发展不相符的数学教学。当然,数学知识的学习仍然应该重视,一方面数学中创新意识和能力的培养离不开一定的数学知识,另一方面数学知识自身在今天的社会中也是非常重要的,这从前面所介绍的数学建模中就可以简单地看出。

12.2.3 传统的数学教学方式与现代信息技术使用的关系

传统的数学教学方式主要是指教师运用传统的方式,如板书、讲解和传统的教具、学具进行的教学,而现代信息技术的使用是指教师在数学教学中运用电脑和电子白板等电子技术。

在今天数学教师的教学中,既使用传统的教学方式,也使用现代信息技术(在数学教学中,技术是传统的还是现代的并不重要,重要的是可以在多大程度上促进学生的数学学习),因此,教师需要处理好二者之间的关系。教师深入浅出的讲解不但具有极高的教学效率,也让学生感受到数学语言的魅力;教师板书不但能为学生提供信息,也能让学生感受到板书的美;学生观察、触摸学具以及动手实践(如折纸),不但能够使他们更好地理解数学概念,也培养了他们的动手能力等。这些也都说明了传统的教学方式在今天的教学中仍然具有巨大的生命力,能够在促进学生的数学发展上发挥重要的作用。但是,教师不能因为传统的教学方式的重要作用就排除现代信息技术的使用。现代信息技术在数学教学中能够起到传统教学方式所达不到的作用。用动态的方式表征数学对象,传统的方式是难以做到的,但运用现代信息技术就变得很简单;一些繁杂的运算如果用传统的方式就非常麻烦,但是用现代信息技术就可以很容易得到结果;等等。

在数学教学中教师要正确地处理传统教学方式和现代信息技术使用的关系,即要明确在教学中使用哪种方式能够更好地促进学生对于数学的理解以及发展学生的数学思维能力等,也就是以学生的数学学习为衡量标准。合理地选择传统的教学方式和现代信息技术,最大限度地促进学生在数学上的发展。

12.2.4 升学和数学发展的关系

从初中开始,数学教学就面临着中考和高考的压力。从理论上说,学生在升学的数学考试中取得好的成绩与其在数学发展上是具有一致性的,即如果学生在数学上得到了很好的发展,那么在升学考试中也一定能取得好的成绩;如果学生在升学考试中取得了好的成绩,那么他在数学上也一定有好的发展。但现实情况可能并不是如此简单,也就是会出现这样的情况,即中考、高考的数学考试并不能很好地评价学生在数学上的能力。

作为教师,完全忽视中考和高考当然是不现实的,但是将数学教学完全建立在为学生在中考、高考中取得好成绩上也是不应该的,正确的做法是在教学中要处理好数学的中考、高考和学生的数学发展的关系。在日常的数学教学中,教师应该依据数学课程标准和数学教科书,通过数学教学使学生在知识与技能、过程与方法以及情感态度与价值观三个方面都能得到发展,这应该是教师坚定不移要做到的,做到这些实际上也就促进了学生在数学上的发展,而不能在教学中对于那些中考、高考数学中经常考的内容就给予重视,使之成为教学的重点,对于那些中考、高考数学中不经常考或不可能考的内容就进行简单化处理,即使这些内容对于学生在数学上的发展是很重要的。例如,综合实践课的教学内容显然不是中考数学的考试内容,而数学建模也不会是高考数学中的考试内容,但是这些内容对于学生在数学上的发展具有十分重要的意义,教师不能因为在中考、高考中不会考而在教学中忽视它们。再例如,提出问题对于学生的数学学习具有重要意义,但是,在中考、高考的数学考试中一般也不会要求学生提出问题,教师在教学中不能因此不让学生有机会去提出问题。再举一个教学方法的例子,小组合作学习是今天数学教学中重要的教学方法,它对于学生在数学上的发展具有重要意义,但很显然,在中考、高考的数学中是不可能有小组合作学习存在的。

只有在完成了数学课程目标的基础上,教师才可以考虑数学的中考、高考,如在复习阶段及备考阶段就可以更多地关注考中考、高考的要求。

以上所给的四种在教学中要处理的关系,其实只不过是数学教学中教师要处理的众多关系中比较突出的几种,还有其他一些关系,如数学教学中讲和练之间的关系等也都是需要教师在教学中正确处理的。

习题

1. 请分析数学教学中因材施教的重要性。

2. 请分析培养学生数学创新意识的重要性。

> **课外阅读材料**

［1］罗伯特·阿多特. 因材施教：个性化教学的灵感与艺术［M］. 许洪珍，李彤韵，译. 北京：中国人民大学出版社，2018.
［2］姜丽华. 学生创新能力培养与教师文化建构［M］. 北京：中央编译出版社，2016.

参 考 文 献

[1] Valverde G A, Bianchi L J, Wolfe R G, et al. According to the Book: Using TIMSS to Investigate the Translation of Policy into Practice through the World of Textbooks[M]. Dordrecht: Kluwer, 2002.

[2] 吴立宝, 曹一鸣. 中学数学教材的分析策略[J]. 中国教育学刊, 2014(1):60-64.

[3] Mehmet E, Mehmet B, Neslihan B. A Content Analysis Study about the Usage of History of Mathematics in Textbooks in Turkey[J]. Eurasia Journal of Mathematics, Science & Technology Education, 2015, 11(1), 55-64.

[4] 杨豫晖, 魏佳, 宋乃庆. 小学数学教材中数学史的内容及呈现方式探析[J]. 数学教育学报, 2007, 16(4):80-83.

[5] 陈碧芬, 唐恒钧. 北京师范大学版初中数学教材中数学史的研究[J]. 数学教育学报, 16(2):95-97.

[6] Pepin B, Haggarty L. Mathematics Textbooks and Their Use in English, French and German Classrooms: A Way to Understand Teaching and Learning Cultures[J]. ZDM Mathematics Education, 2001, 33(5):158-175.

[7] 印冬建. 数学教材分析的基本策略[J]. 教学与管理, 2018(25):58-60.

[8] Bishop A J, Clements K, Keitel C, et al. International Handbook of Mathematics Education[M]. Dordrecht: Kluwer Academic Publishers, 1996.

[9] Zhu Y, Fan L. Focus on the Representation of Problem Types in Intended Curriculum: A Comparison of Selected Mathematics Textbooks from Mainland China and the United States[J]. International Journal of Science and Mathematics Education, 2006, 4(4):609-626.

[10] 刘海滨. 为学习设计教学:教学设计最根本的着力点:以"函数的概念"的教学设计为例[J]. 中学数学:高中版, 2016(10):3.

[11] 韦春花. 基于数学多元表征理论的教学设计[J]. 广西教育, 2013(2):45-46.

[12] 梁艳云. 运用变式教学进行习题课的教学设计与课后反思[J]. 数学教学通讯, 2016(2):21-22.

[13] 梁艳云, 涂爱玲. 运用"变式"进行复习课的教学设计与反思[J]. 中学数学杂志, 2016(4):25-28.

[14] 钟国城. 核心素养下的高中数学建模教学设计:以"牙膏出厂价的定价问题"为例[J]. 教育天地, 2020(8):106.

[15] 朱元元. 翻折与平移:苏科版八上"综合与实践"课教学设计[J]. 数学教学通讯, 2013(7):8-10.

[16] Mishra P, Koehler M J. Technological Pedagogical Content Knowledge: A Framework for Teacher Knowledge[J]. Teachers College Record, 2006, 108:1017-1054.

[17] 李岭, 徐文静, 唐烨伟, 等. 信息技术与初中数学教学深度融合的研究:以《圆周角》教学设计为例[J]. 中国信息技术教育, 2020(5):3.

[18] 张晓贵. 数学教学社会学[M]. 合肥:中国科学技术大学出版社,2017.
[19] 韩爽. 高中数学合作学习的有效性研究及教学设计[D]. 伊宁:伊犁师范大学,2020.
[20] Bishop A J. Mathematical Enculturation: A Cultural Perspective on Mathematics Education[M]. Dordrecht: Kluwer,1988.
[21] Cobb P, Yackel E. Constructivist, Emergent, and Sociocultural Perspectives in the Context of Developmental Research[J]. Educational Psychologist,1996,31(4):175-190.